JN020787

大学生の
ストレス
マネジメント

自助の力と援助の力

齋藤憲司・
石垣琢麿・高野明 著

有斐閣

は じ め に

　この本を手にとられた学生のみなさん，大学生活はいかがでしょうか。充実した日々ですか，未来に希望を抱けていますか。こんなはずじゃなかった，なんか行き詰まっている，先行きが見通せない……，そんな嘆息まじりの台詞がしばしばカウンセラーのもとに届きます。

　この本は，受験時代の偏差値に縛られた画一的な価値観から自由になって，同時に就職活動の早期化や社会の停滞感にも気圧されず，学生生活それ自体の価値を認識し，自らを育てていってほしいという願いから編まれました。

　本書の第1の特徴は「ストレスマネジメント」という現代心理学の主要テーマに沿って，青年期あるいは学生時代に特有な課題を抽出するとともに，その対処法について具体的に記していることにあります。そしてもう1つの特徴として，学生相談機関において実践と研究を両立させてきた3人（ベテラン2人と中堅1人）の現役カウンセラーが日々の相談活動のなかで感じたこと，考えてきたことを平易な言葉で記すべく試みています。いうなれば，現代心理学の専門的な知見をタテ軸に，キャンパスの相談現場での実感をヨコ軸に据え，柔らかいセーフティネットを織り成して，こころを優しく包み，温かなエネルギーを送り届けようとするものです。

　精選されたテーマに沿ってコンパクトにまとめられた全12章には，学生生活を充実させるヒントが散りばめられ，それぞれに，カウンセリング経験に基づいたエッセンスが染み込んでいます。筆者らが出会ってきた何百何千という先輩学生の迷いと葛藤と涙，そしてそれらを乗り越えていった喜びと自信と笑顔が，カウンセリングとい

うフィルターを通して濾過され，凝縮されて，密度の濃いメッセージとなってこの本にパッケージされています。同時に，記述に際しては気さくな読み物として手に取っていただけるよう，何よりもわかりやすさ・読みやすさを旨としました。

　また，本書は初年次教育や教養教育の講義用テキストとして用いる際にも十分に学問的な検討に耐え，ディスカッションの素材になるものと自負しています。各章の冒頭にはカウンセリング経験に基づいた「エピソード」を記して学びの導入とするとともに，折に触れて現代的な重要トピックスを整理した「コラム」を設け，各章の末尾には双方向の交流を意図して授業で実施している「こころの柔らかワーク」を配してあります。さらに学習の便に資するために「ここでいいたいこと！」というまとめを記すとともに，「ブックガイド」を紹介文つきで掲げました。

　筆者らカウンセラーの願いは，全国津々浦々のキャンパスで学ぶみなさんが，深い学びと温かい交流に満ちた学生生活を送ってくださることです。そして，それでも訪れるに違いない困難やトラブルに適切に対処していく「チカラ」を身につけていってくださることです。

　ストレスマネジメントには，必要なときには他者にしっかりと頼るということも含まれます。1人で抱え込み，うずくまってしまうのではなく，自ら助力を求めることができる人こそ，本当の意味での大人なのだといってよいでしょう。学生相談室（カウンセリングセンターなど）は，いつでもみなさんの来談を待っています。そしてみなさんの要望に応えて発信していく構えでいます。

　この本が，あなたと誰かを結びつけ（そのなかにカウンセラーも加えていただいて），充実した学生生活と未来の希望への架け橋となることを願っています。もちろん，現代学生を理解したいと願う教職員やご家族のみなさまにもおおいに参考になるものと思います。

最後に，日々の相談活動と関連業務に浸りきりになりがちな筆者たちを励まし，本書の企画から執筆・編集・校正に至るまで，こまやかな支えと的確な助言を送り続けてくださった有斐閣書籍編集第2部の渡辺晃さん，中村さやかさんに感謝の意を表したいと思います。

　2020年4月吉日

　　　　　　　　齋藤　憲司・石垣　琢麿・高野　明

　下記の本書サポートページで各種補足資料を紹介しております。
ぜひご利用ください。
http://www.yuhikaku.co.jp/books/detail/9784641174566

著者紹介

齋藤 憲司（さいとう けんじ）　　　　　執筆分担：**序章，第 2, 4, 9 章**

現職：東京工業大学保健管理センター教授（専任カウンセラー）

主著：『学生相談と連携・恊働——教育コミュニティにおける「連働」』
（2015，学苑社）/『心理援助のネットワークづくり——〈関係系〉の心理
臨床』（共著，2008，東京大学出版会）/『学生相談シンポジウム——大学
カウンセラーが語る実践と研究』（共編，2006，培風館）/『ひとと会うこ
との専門性——なぜ心理臨床をめざすのか』（2002，垣内出版）

石垣 琢麿（いしがき たくま）　　　　　執筆分担：**第 1, 5, 8, 10 章**

現職：東京大学大学院総合文化研究科・駒場学生相談所教授（専任カウン
セラー）

主著：『クライエントの言葉をひきだす認知療法の「問う力」——ソクラテ
ス的手法を使いこなす』（共編，2019，金剛出版）/『事例で学ぶ統合失調
症のため認知行動療法』（共編著，2019，金剛出版）/『うつ病のためのメ
タ認知トレーニング〈D-MCT〉——解説と実施マニュアル』（共監訳，
2019，金子書房）/『臨床心理学』（共著，2015，有斐閣）

高野 明（たかの あきら）　　　　　　　執筆分担：**第 3, 6, 7 章，終章**

現職：東京大学相談支援研究開発センター学生相談所准教授（専任カウン
セラー）

主著：『学生相談ハンドブック』[新訂版]（共編，2020，学苑社）/「学生相
談における関係者支援——学生支援の 3 階層モデルと多職種連携のあり
方」（2017，『家族心理学年報』35，29-37）/『大学における学生相談・
ハラスメント相談・キャリア支援——学生相談体制・キャリア支援体制
をどう整備・充実させるか』（分担執筆，2008，東北大学出版会）

目　次

大学生活で出会う
ストレス

青年期, 発達加速現象, 心理社会的モラトリアム,
境界人, 発達課題, 自立, ジェンダー, 多様性, 性
自認・性的志向, 価値観, 道徳性, 職業, ライフス
タイル, 自我同一性, 学生生活サイクル, 要請特
性, 5月病, 卒業論文, ストレッサー, コーピング,
ストレスマネジメント, アクティブ・ヒーリング

1. いつでも青年・いつまで青年？

新入生としての構えが定まらないケンタ

いよいよ大学生！下宿も決まって定期券も買って，必ずしも第1希望ではないけれど，自分でも納得したつもりで入学を決めたこの大学・この学部。

少し緊張しながらも何か新しいことが始まるという晴れやかな気持ちで新入生歓迎行事に参加してみたケンタ。大講堂の壇上からマイクを通じて聞こえてくる偉い先生方の講話を聞き流し，サークル紹介では先輩たちに囲まれて抱えきれないほどのチラシを渡されて。少しぼーっとして，高校時代とあまりに環境が違ってなんだか現実感がない。

そして始まった大学の授業，さてどこに座ろうかと周りを見渡すと，妙に小洒落た服装で軽やかに談笑している一群もいれば，同じスポーツをやっていると思しき賑やかな一群も。「ふ〜ん，もう仲良くなっているんだ」と出遅れ感を抱きつつもとりあえず廊下側の席に座ってみた。授業はいきなり本題に入らないだろうと思いきや，みっちり90分，聞いたこともない用語が飛び交っている。さらに先生は「いつまでも浮かれていてはいけない。学生時代はあっという間だから，いまから将来のことをよく考えておくように」といわれ，正直「やっと大学生になったのだから……，しばらくはゆっくり行きたいなあ」とため息が出る。隣に座っていたタクヤが授業終了後に話しかけてくれたのだが「君はあの授業取ってる？　あの先生のゼミは就職に有利みたいし。公務員試験にも関連する内容だよね」とそんな先のことまで考えているのかと急に焦ってくる。

下宿への帰り道，賑やかな定食屋さんには入りづらくて，コンビニ弁当を買って1人の部屋で食べていると，なんだか心細くなって「自分は何のために大学に入ったんだろう？」とふと泣きたくなってくる。

1-1. 発達段階としての青年期

　入学時のときめきと不安，いまも思い出すことがあるでしょうか。あるいはその真っ最中の人もいるかもしれませんね。多くの人にとって学生時代は**青年期**の中核をなす時期，簡単にいえば「子どもから大人へ」「生徒から社会人へ」の移行期として，ケンタがそうであったように人生においてきわめて重要な転換点となるといってよいでしょう。

　歴史的にみれば，青年期は近代社会成立以降，産業化の進展とともに生じてきた，時代・文化の変化や影響が最も現れやすい年代と考えられています。一般には，第二次性徴の発現を特徴とする身体的成熟から始まり，就職・結婚といった社会的成熟までの期間を指してきました。

　しかしながら，社会的成熟が遅くなって青年期が遷延する一方で（大人になるのが遅くなり），身体的成熟が**発達加速現象**を示していることから（子どもでなくなるのが早くなり），青年期は従来より長めに 10〜30 歳くらいまでが含まれるという見解が一般的になりつつあります。そのため「児童期」との間に「思春期」を（中学生・高校生のころはこの言葉のほうがぴったりくるかもしれません），「成人期」との間には「若成人期」（ヤングアダルト期）を設ける考え方もあります。

　いずれにしろ身体的・心理的・社会的な変化が急激な時期であり，臨床心理学的にはさまざまな神経症や精神疾患が好発しやすい時期でもあるので，かつては「疾風怒濤の時代」と称されることもありました。学校と社会（職業）の合間の**心理社会的モラトリアム**（猶予期間）としてさまざまな役割を試すことが許され，**境界人**（マージナルマン）として独自の青年文化（ユースカルチャー）を形成する年代でもあります。

戦前の旧制高校ではエリート学生が「下駄を鳴らして」銭湯に通い，仲間どうしや下宿屋のおばちゃんと夜通し語りあうというイメージでしたが，やがて進学率の上昇とともに大学大衆化が進行し「レジャーランド化」と揶揄されつつも自由に過ごせる場と認識された時代を経て，いまではファッションセンスにあふれた学生からサブカルチャーにはまる学生まで，個別性の高い役割実験と青年文化がキャンパス内外に散りばめられている状況といえるでしょう。

1-2. 青年期の発達課題

　さて，心理学的には各発達段階において**発達課題**が設定され，これらにいかに取り組み，どのように乗り越えていくかが重要なテーマとなります。「青年期」においては，伝統的に以下に掲げる4つの課題が提示されてきました。

<u>自　立</u>　あまりにも当然と思われるかもしれませんが，青年期の第1の課題は**自立**ということになります。実際にひとり暮らし（下宿や寮など）が始まって物理的に分離する人も多くなりますが，家族と同居している場合でも生活のサイクルが異なってくることが多く，孤独感や疎外感に耐えながら自己を作り上げ，情緒的にも家族に頼りすぎることなく過ごせるよう分離を進めていくことが必要になります。

　その基盤として，食事や睡眠などの生活習慣に係わることから勉学やアルバイト，自由時間の過ごし方など，自分の生活を自分でアレンジしていくことが必須になります。いわば「自律」的な生き方を構築していくこと，生活面でも情緒面でもセルフ・コントロールできるようになることが最優先テーマになるといってよいでしょう。

　みなさんは，朝食を自分で用意する，遅刻しないように電車に乗る，授業のカリキュラムを自分で組む，お昼休みや放課後を有意義

に過ごす術をみつける，夜はゲームやインターネットにはまらずに適度に切り上げて寝床につくなどなど，自分らしい生活を形作れているでしょうか。この辺りが定まらないと，スチューデント・アパシー（学生無気力症）のようになって，気がついたら単位や進級が危うい状況になる場合もないとはいえません（筆者の経験では圧倒的に男子学生が多い傾向にあります）。

性役割の同一性　青年期前期（思春期）に端を発した第二次性徴が進み，身体的成熟が果たされるこの時期では，いかに男性として・女性として生きていくかが問われることになります。からだの変化を受容するという重大な課題に加えて，同性集団での規範や社会的に期待される性役割と自分のあり方とがどの程度合致しているかに気を配らざるをえない状況となります。性同一性は職業選択や生活スタイルに影響を及ぼす可能性が高く，特に異性関係を築く際に，異性に好かれる自分でありたいと考え，自身の性役割（**ジェンダー**）を強く意識することになります。

男女共同参画の理念と実際が浸透していくにつれて旧来の「男らしさ」「女らしさ」に縛られる側面は小さくなってきていますが，それでも学部によって大きく男女比が異なること（理工系では女子学生が少なく，人文科学や芸術系では逆に男子学生が少ないなど）は，日本の伝統的な性役割が色濃く残存しているためといわざるをえないでしょう。いまだに「大学院に女の子が進学してどうするの？」という声を耳にすることがあるかもしれませんし，統計数理研究所（2016）による継続的な調査をみると「生まれ変わるとしたら女に」と答える女性は時代を追うごとに大きく増加傾向にあるものの（1958年：27% → 1978年：52% → 1998年：67% → 2013年：71%），過去数十年「生まれ変わるとしたら男に」と答える男性が一貫して90%前後となっていることを考えると，女子のほうが自己確立に

苦労が大きい日本の状況があったといってよいでしょう。

　摂食障害（拒食症や過食症など）が女子に起きやすいのは，身体的変化や性役割を引き受けることに困難が大きい女子の現状を示しているとも考えられます。さらには，かつてはこころの病として扱われることもあったLGBTなどの方々については，**多様性**（ダイバーシティ）への関心が高まる時代状況のなかでトランスジェンダーという用語を使うことが多くなり，ありのままの**性自認・性的志向**が尊重されるようになってきています（詳しくは第6章を参照）。

価値観の確立　青年期はまた「どんな自分となり，何を大切に生きていくのか」を確立していくという重要な課題に取り組むことになります。みなさんがこれから生きていこうとする社会には規範・文化・道徳・宗教といった伝統的あるいは既存の価値体系があり，また自分のなかには両親や周囲の重要な大人からの働きかけによって幼児期以降に身につけた種々の**価値観**あるいは**道徳性**といったものが備わっているはずです。それらをどの程度合致させていくことができるのか，自分なりに再構成しつつ独自の価値観を形成していく試みがなされることになります。

　みなさんが学ぶ大学でも年配の先生方が学生だった時代には（1960年代），この価値観に係わる葛藤はきわめて大きなものでした。各国で「怒れる若者たち」と呼ばれた学生たちが，世の中の矛盾や貧富の差，あるいは先進国と途上国の格差や紛争に対して異議申し立てを行い，そのなかで自分のあり方を問い直すという営みが行われた時期がありました。その後の経済的な発展とも相まって徐々に世の中が落ち着き（良い悪いは別にして），やや保守的な雰囲気が大学にも漂うようになって，青年が大きく声を上げることは少なくなりましたが，それでも個人個人のなかでは決して小さくはない葛藤が生じていると考えてよいでしょう。

みなさんが大学進学を考え，現在の学部・学科を選び取ったという事実は，きっとみなさんのなかに築かれつつある価値観の体系とどこかで結びついているはずです。「世の中の仕組みについて法律を通じて考えたい」「科学技術の発展が必ず人々を幸せにする」「困っている人や子どもたちに直接に関わりたい」といった思いは，おそらく家族や近しい人々のあり方に学び，対話を繰り返すなかから生じたものと位置づけられ，今後のみなさんの歩みを支える基礎や土台になっていくものだと考えられます。

職 業 選 択

　さて，青年期を経てやがて1人の成人として，社会的位置づけを確固たるものにする最大の要因は，**職業**に就くということです。「自分はこういう者です」と差し出す名刺をもっていること，その名刺に記すことのできる会社なり組織の一員であることが保障されることの安定感は何ものにも代えがたいものがあります。

　また職をもつということは，自分の**ライフスタイル**を決めることであり，「自立」との絡みでいえば，学生時代は遅刻ばかりで将来が心配された学生が卒業後に「定時に出社して，夕方まで決まった場所で与えられた業務をこなす生活は窮屈かと思ったら，むしろ安心して過ごせます！」と報告してくれることは稀ではありません。一方，残業や休日出勤をどこまで受け容れるか，家族との時間や趣味を活かした暮らしとの折りあいなども，ライフスタイルの重要な要素となるでしょう。

　そしてまさに「価値観の確立」と結びつくことですが，どのような職業を選ぶかは，みなさんの価値観を直接的・間接的に表現したものになっているといってよいでしょう。望むべくは「この仕事に従事して日々を懸命に生きることが，まさに自己実現になると感じており，同時に社会貢献にもつながると信じられる」という境地に

近づきたいものです。ただ，実際の就職活動ではそこまで理想を追えない場合も生じてくるでしょうし，芸術家やスポーツ選手のようにごく一部の選ばれた才人しかその職に就けないような領域では，当初は次善の選択肢であったかもしれない職種に改めて意義を見出していく道程が必要になるかもしれません。確かなことは，そのような葛藤が必ずやみなさんを人間的に大きく成長させ，より魅力的な人柄に育ててくれるということです。

1-3. 自我同一性の確立に向けて

　これまで記した4つの発達課題をもとに，いわゆる**自我同一性**（アイデンティティ）の確立が達成されていくことになります（エリクソン，1989）。その概念をひとことでいえば「自分が自分であるという意識・感覚をもつこと」，すなわち「いままでの経験をもとに，現在このような考え方・感じ方・価値感をもち，そして今後とも他者との交流のなかで，この自分で生きていくのだ」という実感をもてるようになることとまとめられるでしょう。

　参考になる考え方として，青年期研究におけるスタンダードとなった自我同一性地位について紹介しておきましょう。この研究では実際に青年に面接調査（半構造化面接と称され，ある程度質問項目を定めつつもこれに捉われすぎず柔軟に対話を続けていきます）を行うのですが，その際には「危機（crisis）を経験したかどうか」，そして自分が「傾倒（commitment）できるあり方を見つけているかどうか」で**表序-1**に掲げる4つの地位に分類します。

　多くの大学生はモラトリアムの地位にあり，模索を繰り返してやがて同一性達成に向かっていくと考えてよいのですが，たとえば理工系や医学系・芸術系などでは幼少時から迷いなくその道を進んできた早期完了の学生が多い傾向になるようです。そして情報洪水や

表序-1　自我同一性地位とその特性

自我同一性地位	危機	傾倒	概略
同一性達成	経験した	している	いくつかの可能性について真剣に考え，自分のあり方を決定して行動できる。
モラトリアム	その最中	しようとしている	いくつかの選択肢について迷っており，不確かさを克服すべく懸命に努力する。
早期完了	経験していない	している	親の目標との間に不協和音がなく，体験が幼児期以降の信念を補強する。
同一性拡散	経験していない	していない	危機前： 　自分が何者か想像不可能。
	経験した	していない	危機後： 　すべてを可能なまま放置。

（出典）　無藤（1979）より作成。

価値観の相対化が進む今日的な時代状況のなかでは，自分のあり方を明瞭に規定していくことが難しくなっており，フリーターや転職の増加などにうかがえるように，結果的にモラトリアムの長期化もしくは同一性拡散状況の広まりといった現象が進行しているように感じられます。「青年期はかつていわれたような危機の時代ではない」という「青年期平穏説」がいっそう強化されるような状況ですが，青年期が前後に伸びていくなかで，集中的かつ積極的に発達課題に取り組むことが難しくなり，青年期が希薄化しているという見方もできるでしょう。

🅱 こでいいたいこと！

● 学生時代の様相は時代とともに移り変わっており，発達加速化現象と青年期の遷延化で前後に長くなった青年期をどのように過ごしていくかが問われている。

● 発達課題に向かいあいながら，自分のあり方（アイデンティテ

ィ）を作り上げていくことがテーマとなる。

2. 学生時代のプロセスをたどる

模索のなかでスタンスが揺れるケンタ

　それなりに授業をこなし，単位を重ねて3年生に進級しているケンタ。仲間と過ごせるサークル活動がいちばんの拠点になっている。でも友達のタクヤは「ダブルスクールに通って資格試験に備えてるんだ」と活動を休みがちだし，「そろそろインターンシップに申し込まなきゃ就活に出遅れちゃう」と不安げなアキオの話も聞いているうちに，このままじゃいけない気がして落ち着かない。「毎週のレポートだけでも十分忙しいのに大学生活って意外と余裕がないんだな……」とついため息が出てしまう。サークルの部長に推されているけど，親からは「お人好しなところにつけこまれているだけじゃないの?」と心配されるし，忙しくなって将来的に損するだけなんじゃないかとためらっている。

2-1. 青年期と学生生活サイクル

　さて，本節では青年期の今日的状況をより大学生活に引きつけた形で考えてみましょう。大学という教育機関に在籍するみなさんの生活は，大学のカリキュラムや教育方法，キャンパスの設備や環境といったものに大きく依拠します。そして入学前の高校までの生活様式と卒業後に社会人として求められる特性とのはざまで，自分自身のライフスタイルを考慮していくことになるでしょう。

　鶴田（2001）は**学生生活サイクル**という概念を提案し，学生時代を「入学期」「中間期」「卒業期」「院生期」と大きく区分けしたうえで，各期に学生が直面する事項と課題を整理しています。本節ではこの考え方を援用しつつ，みなさんがこれからの学生生活をどの

ように過ごしていけばよいか，いくつかのタイプに分けて紹介していきます。

入 学 期　まず入学期ですが，「受動的に学校側の用意したカリキュラムと生活様式に応えていくこと」が高校時代までの適応形態であったのに対して，大学に入学した途端に「自立」を求められ，生活も学習も進路選択も「主体的」に取り組むことが当然という**要請特性**の転換が多くの学生たちに心理的な動揺を生むと考えられてきました。

　イギリスの研究者は，大学への入学は「破滅的な変化」（destroying change）を青年に強いるのだと指摘しています（田中，2000）。それゆえ，欧米の大学では1年生はほぼ全寮制で生活全体をサポートできる仕組みを用意しています。これに比べると，日本の大学は学生に任せきりな状況だったのですが，それだけ親・家族の関与が手厚く，また地域の援助力も高く（下宿の大家さんや定食屋のご主人など），学生間の結びつきも強かった（部活やサークルなど）からでもあるでしょう。

　しかしながら社会情勢が大きく変わり，このような援助力が弱まっているという危惧があり，親・家族からも「大学は教育機関なのだからもっと面倒をみてほしい」という声が強まったことから，初年次教育・導入教育に力を入れる大学が増えてきました。いわゆる**5月病**を軽減する施策が各大学で取られるようになっているともいえるでしょう。カウンセラーの立場からは適応支援教育という観点から学生相談に取り組むとともに，種々の講義を担当する場合もあります（齋藤，2015）。

中 間 期　一方中間期は，自我同一性地位に当てはめれば積極的に「モラトリアム」を活用できる時期であり，学生相談では深いレベルの心理面接が展開されやす

い時期ということになります。大学2～3年生がこれにあたり，鶴田（2001）によればいちばん「美味しい時期」でもあり，さまざまな役割実験を繰り返して自分探しに専念できる期間ということになります。

これには少し前までほとんどの大学が教養課程と専門課程に分かれていて，大学1～2年生はまずリベラルアーツ（教養）を学んで知の裾野を広げるとともに，クラブ・サークルやアルバイト，ボランティア活動などにも参加して社会的経験を重ね，自分の人間としての幅を広げることが暗黙のうちに推奨されていたこととも関係します。

しかし近年，この「中間期」（模索期）は大きな変質を迫られているように思います。制度的には教養部廃止の流れとともに早期に専門教育を施す大学が大勢となって授業に追われる傾向が強まり，リーマンショック以降はひときわ就職活動を気にせざるをえない風潮が高まったこともあって，ケンタが落ち着かない状態に陥っているように，じっくりと自己探求に時間をかけることが困難になっている状況があります。

卒業期・院生期　そして卒業期では，「中間期」（模索期）において学び経験したさまざまなことがらを自身のなかで集約したうえで，就職もしくは進学という次のステップに向かう準備を整えていく時期ということになります。「学生時代にこういうことを学び，体験した自分だからこそ，この仕事（または進学）を選び取るんだ」という一種の確信に沿って，進路選択を行っていくことを目指します。

学業面では**卒業論文**の作成が大きなテーマとなりますが，それ自体が大学生活の集大成であるとともに，こころのなかでもさまざまな模索体験の整理が進みます。いわば「もうひとつの卒業論文」（鶴

自我同一性（アイデンティティ）理論の今日的意義

　本章で紹介した「自我同一性」（アイデンティティ）の考え方は，E. H. エリクソンが提示した生涯にわたる漸成的発達図式の一部を成すものです。日本ではとりわけ青年期の理解において貴重な鍵概念となったことから広く知られるようになりましたが，彼が「心理－社会的」発達論と規定した理論の全体像を正確に理解することはなかなか容易ではありません。子どもから大人，お年寄りに至るまで，各世代で求められる発達課題があります。そして直面するクライシス（危機）があり，そのうえで望ましい姿（徳目）に到達していきます。

　青年期はとかく自分自身に目が行きがちですが，周囲の人々も同じように課題と危機と理想像をめぐって迷ったり悩んだりしながら，一歩ずつ前へ進もうとしているのだと考えると，相互に尊重しあう気持ちが起きてくるのではないでしょうか。本書では青年期は時代風潮の影響を受けやすい時期と記しましたし，実際に学生生活サイクルの様相が変容して中間期（模索期；大学2～3年ごろ）が変質してきていることを述べました。その意味では，たとえば思春期における中学2年生が心理面で質的変容を経験するようだという指摘が学校関係者や臨床心理学の研究者・実践者から語られることがあり，社会状況や学校教育のあり方とどのように連動しているのかを考察してみることも興味深いことと思います。共学校と男子校・女子校，公立と私立，中高分離と6年一貫制，大学受験制度の変遷などは学生生活にどのように影響しているのか，また反抗期のない思春期やひきこもりがちな青年像とどう関係しているのか，検討してみることもあってよいでしょう。さらには，情報化の進展や価値観の相対化とともに，自我同一性を確立させずに状況に合わせて柔軟に自分のあり方を変容させられることが現代の適応的な姿なのではないかというカウンセラーもいます。みなさんはどう思われるでしょうか。ぜひ現代の青年期のあり方について考えてみてください。

田，2001）を書くようなイメージで心理カウンセリングが進んでいくこともしばしばあります。

その後に続く院生期は大学院に進学した学生にのみ適用されますが，中心となる研究の遂行のために「論文作成サイクル」（齋藤，2001）をうまく回していくことが課題になります。

2-2. 学生生活サイクルあれこれ

さて，前節で紹介した学生生活サイクルをイメージ的に示すと，**図序-1a**のようになるでしょうか。まず「入学期」に自分の生活スタイルを確立したならば，「模索期」に大きな円を描くがごとく試行錯誤的に多種多様な経験を重ね，それらの経験を収束させて「卒業期」に自我同一性の確立を果たし，以後は就職にしろ大学院進学にしろ「成人期」に向かって自己確立した個人として真っ直ぐに生産的な役割を積み上げていくという姿が想定されます。

これに対して，学生時代に十分な模索を果たせなかった場合には**図序-1b**のようにモヤモヤしたイメージで留年を重ねたり，大学院進学にしても，モラトリアムの遷延あるいは種々の心理的課題の先送りという形で大人になるプロセスへと踏み出しにくくなります。

一方で昨今，大学の教育制度の改編，就職活動の前倒しという社会的な要因に加え，青年自身が冒険的な模索や深い内省・自己探索をあまり求めないという風潮もあって，模索期においても小さなサイクルしか描かないままに次のステップへと進むことが多くなっています。ややモノトーンな，早期完了的な様相を示すプロセスでしょうか（**図序-1c**）。

もちろんそれでも順調に進学・就職に歩み出していければそれでよいわけですが，卒業後にガクッと大きな壁に行き当たる場合が少なくありません（**図序-1d**）。たとえば大学院に進学してから「こ

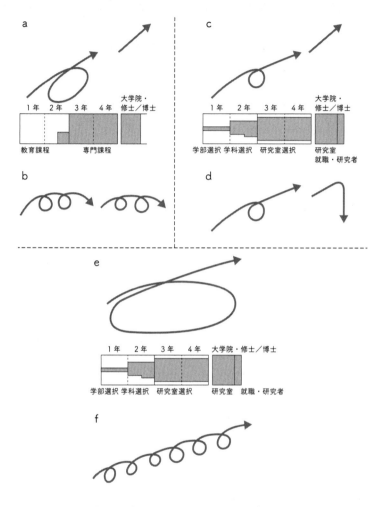

図序-1　学生生活サイクルの諸相（概念図）

の専門分野でよかったのか」「対人関係がうまくいかない」などで
勉学・研究が立ちいかなくなって，カウンセリングに来談する院生

の割合がとても高くなっている状況があります。

　一方，就職した学生たちにおいても，就職後3年以内に約3分の1の卒業生がその会社を辞めているというデータがあり，この傾向は20数年にわたって続いています（厚生労働省，2019）。大学1年から就職を気にして資格取得や企業研究を行って，さらにインターンシップを経て何十社もエントリーシートを出して，そのうえでやっと決まった会社を3年で辞めてしまったとしたら，自分の学生時代はいったい何だったのだろうと思うのではないでしょうか。今日の大学教育が抱えるきわめて重大な問題といえるでしょう。

　そこでカウンセラーから提案したいのが以下の2つのイメージです。1つは**図序-1e**のように「大人として自己確立するのは30歳くらい」と腹をくくってそれまでは大きなサイクルを描くがごとく，時間をかけて模索と成長を試行していく形です。たとえフリーター，ニート，パラサイトシングルなどといわれようと，それらを含めた体験の全体像が必ずや将来に活きてくると考えます。実際，大学院も博士課程まで行けば就職は30歳近くになることがしばしばですし，就職の場合でも第二新卒という言葉があるように一度離職しても次の機会にはより適した会社を見つければよいのかもしれません。ただ，模索の幅が大き過ぎて，社会的な道のりに戻りにくくなる危惧もあるでしょうか。

　そこでお勧めしたいのが，**図序-1f**のように小さなサイクルをらせん型のように繰り返しながら成長していくイメージです。学期中はきちんと授業に出てテストやレポートをこなす，でも夏休みには思い切ってサークル合宿やアルバイトに励み，そして学期が始まったら再び授業や演習・ゼミに力を入れて，次の長期休暇には新たにボランティア活動に踏み出してみよう……。学業と模索を交互に織り交ぜながらスパイラルアップしていくなかで20代の間に自己

確立していく，という方向性が，確実かつ安全な道のりだという気がします。これは筆者が個別面接や授業などで学生のみなさんに尋ねると，とても受け入れやすいイメージであるようです。

💬 **ここでいいたいこと！**

● 大学の教育システムや社会情勢の変化に近年の学生気質（心理的特徴）も相まって，学生時代のあり方が揺らいでいる。

● 学生生活サイクルの観点から「入学期」「模索期」（中間期）「卒業期」「院生期」をいかに過ごしていくかを考えてみよう。

3. いつも笑顔でいたいのに──ストレスって何？

エピソード

いよいよ就職活動，不安で仕方ないケンタ

ケンタにもとうとう就職活動の時期がやってきた。会社説明会，エントリーシート，そしていよいよ第1次面接。どうしよう，緊張が高まるばかり，逃げ出したい気分だ。「ああ学生時代にもっとアピール材料になることをやっておくんだった……」と考えても仕方ないことばかり浮かんでくる。持ち味の笑顔が引きつってくるようだ。なんだか自分らしくないな，自分で自分をコントロールできないみたいだ。

ほかの学生たちがみな自信ありげで優秀そうにみえてくる。「いかんいかん，自分だってそれなりに頑張ってきたじゃないか。とにかく落ち着こう」と，深呼吸やストレッチを繰り返してみる。

3−1. ストレス理論について

さて，本書のテーマでもあるストレスマネジメントについて，その根本となる考え方を記しておきましょう。ストレスという用語はたいへん広まっているので，体調がちょっとすぐれないときに「最

近ストレスが多かったからかなあ……」ととりあえず考えてしまうなど，実体がはっきりしない使い方をされることがあります。必ずしも間違いではないのですが，せっかく心理学的に学生生活を学ぼうとしているみなさんですから，その基本を把握しておきましょう。

　まずストレスを簡略に定義づけると，外界からのさまざまな刺激によって生体（人間など）の平衡状態（ホメオスタシス）が崩れた状態であり，一種の自己防衛反応であると位置づけられます。個人の内部には何らかの緊張状態が生じているわけですが，見方を変えると生体としての機能維持のために必要かつ適応的な役目を果たしている側面があります。ただしこの緊張状態が持続または繰り返し生じると，その個人にとって症状や問題行動などの不都合な事態をもたらすことになります。このような事態をもたらす刺激は**ストレッサー**と名づけられ，さまざまな種類の刺激が想定されます。**表序-2** は学生時代にストレッサーとなりうる事態や状況を整理したものですので参照してみてください。意外に思うかもしれませんが，入学や就職といった一般に喜ばしいことと認識されている事柄も時にストレッサーになることがあります。ケンタも，大学入学時に，あるいはサークルで部長に推されて，さらには就活で次のステップに進もうとする際に，新たなストレッサーに晒されていることになります。

　さて，ではこのようなストレッサーは個人にどのような影響を与えることになるのでしょうか。ラザラスとフォルクマン（1991）はストレスを「自己の対処能力を超えた過大な負担」と定義し，生体と環境との相互作用のなかで生じる一連のプロセスであるというモデルを提示しています。すなわち，ストレッサーがただちにストレス反応を生起するという直接的な図式ではなく，その間に周囲の環境要因やその個人の性格特性および認知的評価などさまざまな媒介

表序-2　学生生活におけるストレッサー

ライフイベント要因	合格・入学，進級・進学，留学，留年・休学・退学，引っ越し，旅行・出張，婚約・結婚など
環境の要因 （住居／教室）	照明，騒音，広さ・狭さ，臭い・香り，大気汚染，清潔さ・整理整頓の欠如，人の密度，時間管理など
人間関係の要因	孤立・孤独，仲間はずれ，いじめ・ハラスメント，片思い，異性関係の深まり，親子葛藤（干渉・放任），きょうだい葛藤（協働・競争），上下関係（部活・研究室・アルバイト先），対象喪失（親しい人との別れ）など
役割上の要因	サークルやゼミの役職，過重労働，能力・適性，役職喪失（退部・引退）など
さまざまな 欲求の阻害	生物学的本能（食欲・性欲など）の不充足，安全・健康への脅威（疾患・事件・事故・災害など），心理的欲求（所有欲・支配欲・権力欲など）の阻害，倫理観への揺さぶり（良心にもとる行為・想念）など

要因が影響を及ぼすということです（**図序-2** 参照）

3-2. ストレスへの対処

　みなさんの学生生活にはさまざまなストレッサーが存在することがわかりました。それらに対して，どのように対処（**コーピング**）していけばよいでしょうか。何をどの程度負担に感じるかは人によって異なりますし，また同じ人でも状況やタイミングによって変わってきます。

　これから歓迎会が予定されているとして「やったあ，楽しみだ！」と思う人もいれば「知らない人と2時間も耐えられない！」と感じる人もいるでしょう。楽しみに思える人でも明日がレポート締切なら事情は変わってきますし，苦手な人も尊敬する先輩の誘いだったり親しくなりたい人の出席が確約されていればストレス度は異なってきそうです。

　大切なのは，ストレス反応の示しているものを理解し，自分がど

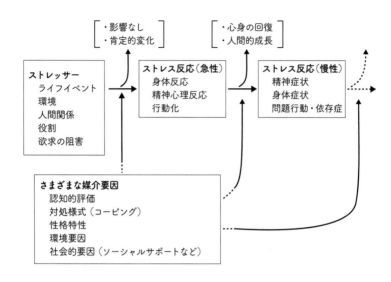

図序-2　ストレスの段階的反応

のようなときにストレスを感じやすいのか，そして自分がストレスを感じたときにどのような状態になりやすいのかを知っておくことでしょう。大きく分けて，①からだに出るタイプ（身体反応；お腹が痛い，肩こりがひどいなど），②こころに出るタイプ（精神・心理反応；気分が落ち込む，怒りっぽくなるなど），③行動に出るタイプ（行動化；遅刻が多くなる，ミスが増えるなど）に分類可能ですが，そのような状態になったときには，自分の生活状況やスケジュールなどを見直して，改善可能かどうかを検討してみましょう。

　また，心理学的な知見に基づいてストレスに対するさまざまなコーピング（対処方法）が提案されています。大きく分ければ，①問題焦点型（いまの自分に可能な形態で向かいあってみる），②情動焦点型（自分の気持ちや考え方を変容させていく），③回避・待避型（適度に距離をとって自分のあり方を守る），という3種にまとめられます

表序－3　ストレスへの対処方法（ストレス・コーピング）

①問題焦点型

- 積極的関与（適切に正面から向かいあう）→ストレスに耐える力（耐性）
- 持続的関与（適度に「いい・加減で」続ける）→「継続は力なり」
- ソーシャル・サポート（もしくは援助要請行動）
- 情緒的支援（気持ち）・道具的支援（肩代わり）・情報的支援（伝授）・評価的支援（肯定）

②情動焦点型

- カタルシス（もしくはリフレッシュ）→原初的な「かたまり」を吐き出す
- セルフ・エンパワーメント（セルフ・エンカレッジメント）
  →自分を励ます・自尊心保持
- 認知構造の変容（もしくは肯定的解釈）→「こころのクセ」をほぐす
  ←知のチカラ・ユーモア

③回避・待避型

- 休養・静養・療養（回復第一）
- 自然体（力まない）
- 相対化（過大視しない）
- 時熟（そのときを待つ）
- 意識の限局（現在に集中）
- 無我の境地（自分を空に）
- 諦観（世界の受容）

（**表序－3**）。ストレスは必ずしもマイナス面ばかりではなく，立ち向かうことで成長につながり，青年期の発達課題をこなして大人になっていくことを手助けしてくれるものでもあります。学生生活ではまずトライしてみること，すなわちこれまでの自分から「一歩踏み出す勇気」をもってほしいと願っています。

　ただ，必要以上にストレスが自己を痛めつけたり，人間関係や学業上の課題遂行を妨げるものにならないよう，適切な方略を模索する必要があります。あまりにしんどいときにはいったん身を引いて「逃げる」こともあってよいと思います（「回避・待避型」は一般に「逃避型」と称されることが多いのですが，ここでは航行する船が嵐を避ける風待ちの港のイメージで「待避型」としています）。気持ちが落ち込んで能率が上がらないときほど（そして生真面目な学生ほど）「どうしよう……，でもとても休んでいられない！」と無理を押してま

すます状況が悪くなることがあります。そんなときカウンセラーは「いまはゆっくり休んで本来のコンディションを取り戻したほうが，中長期的にみてもっと遠くまで行けるよ」などと語りかけます。

あれもこれもと気になるときには「目前のことのみに集中しよう」（意識の限局），「なるようになるさ」（自然体），そして大きな視野で人生を捉えれば「きっと報われる・風向きが変わる」（時熟）という構えで臨むこともあっていいでしょう。コーピングも1つの方法にこだわりすぎずに，その時々にフィットするものを柔軟に試してみましょう。次第に自分なりのストレス対処法を自分で工夫していけるようになればしめたものです。

3-3. ストレスの予防

学生生活にはさまざまなストレッサーが存在し，これに対してみなさんそれぞれが自分と状況に見合った適切なコーピング（対処）をしていくことが重要であることを示してきましたが，本書のテーマである**ストレスマネジメント**はここに留まるものではありません。

1つには，各自が保持する心理的資源のみならず，広く社会的・物質的資源が個人を支えてくれることに目を向けておく必要があります。たとえば事件や事故などの危急の際に適用される保険制度や社会福祉サービス，あるいは奨学金や授業料免除をはじめとする経済的支援などについて，その仕組みと利用の仕方をよく把握しておくことも，学生生活を守り維持していくために重要な要素となります。

さらにいえば，大学という教育コミュニティに在籍していることがみなさんにとっての強力なセーフティ・ネットですから，大学の組織や諸制度，そしてみなさんの力になりたいと願う教職員の存在をうまく活用していただければと願っています。もちろん学生相談

室でカウンセリングを受けてみることもその１つになります。

　そしてもう１点，ストレスに負けないしなやかな自分を育ててい
くという予防の観点を常に意識しておきたいものです。風邪をひか
ないように普段からからだを動かして適度に鍛えておくことが重要
なように，ストレッサーを跳ね返せるこころの強度や，ストレス状
況にあってもこれに屈服しないこころの柔軟性といったものを自分
のなかに保持しておくことが肝要になってきます。

　筆者は（最近のアクティブ・ラーニングに倣って）**アクティブ・ヒ
ーリング**と称していますが，これも大きく３つの側面から，(1)から
だをほぐす（自分を解放して，リフレッシュするひとときをもつ；深呼
吸やストレッチ，ヨガ，マッサージ，散歩やジョギング，軽いスポーツ
など），(2)こころをほぐす（くよくよ考えず，非合理的な思い込みに囚
われない；穏やかな気分を保つ，趣味を楽しむ，「～ねばならない」から
の解放など），(3)おこないをほぐす（ライフスタイルの改善や踏み出す
勇気；１日に３食とる，7〜8時間寝る，自己表現を試みる，相互尊重の
対話，新たな活動に参加するなど），と整理されます。

　頭ではわかっていてもなかなかできないことが多いかもしれませ
ん。本書を手にしたことをきっかけに，そして「こんな自分になり
たい」という自己実現への思いを動機づけとして，一緒に学んでい
きましょう。

🗨 ここでいいたいこと！

● ストレッサーは学生生活のあらゆる側面に潜んでいるが，それ
　は自分を成長させ，学生時代を豊かにしてくれるものでもある。

● 多様なコーピング（対処様式）を適宜使い分けるとともに，さ
　まざまな援助資源や予防の観点も加味して，自分なりのストレ
　スマネジメントを確立していこう。

学生生活サイクルのひと筆書き

　自分の「学生生活サイクル」を図序 -1 のようにひと筆書き風に図示してみましょう。入学してまもない場合は卒業までをイメージして，2 年生以上の場合はこれまでの歩みを振り返りつつ，今後につながっていく道のりをイメージして，さっと一気に記してみてください。

• •

📖 ブックガイド

● 畑正憲 1974.『ムツゴロウの青春記』文藝春秋
　　動物学者の自伝的小説を青年期の様相を考えるよい教材の一例として掲げました。みなさんには，手近なところからで構わないのでさまざまな青春小説や伝記に目を通して自己確立のプロセスの諸相を感得してほしいと思います。

● 河合隼雄編 2014.『大人になることのむずかしさ』岩波書店
　　日本で最も著名な臨床心理学者といってよい著者が，豊富な実践をもとに現代の思春期・青年期の困難性をわかりやすい文体で見事に描き出しています。初版は 1983 年（新装版 1996 年）とやや古いですが今日にも通底する普遍性をもっています。

● 西平直 2019.『ライフサイクルの哲学』東京大学出版会
　　日本におけるライフサイクル研究の第一人者による近著で，人生を語る複数の文法について記されています。読みこなすのにやや骨が折れるかもしれないので学生時代の後半に挑戦してみるのもよいでしょうし，同著書による『教育人間学のために』（2005, 東京大学出版会）を先に読むのもよいでしょう。

新しい生活に入る

1. 生活リズムを自分で決める

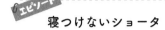

寝つけないショータ

「羊が1ぴき，羊が2ひき……羊が50ぴき。眠れない！子どものときは15匹も数えれば意識がなくなっていたのに。高2の夏ぐらいからかな，眠れなくなったのは。LINE になんか来ているかもしれない……。面白い動画があるって？みてみよう。ほんっとに面白いわ，これ。笑える。ゲームに連動してる？やってみよう……」。こうやって18歳，大学1年生のショータの夜は更けていく。明日の1時限は絶対休めないのに。

「今日の1時限は何とか出た。2時限目は完全爆睡してたよ，ははは。昼めし行こうぜ」。高校生のときは，どんなに眠くても親が起こしてくれたり，先生に叱られるのが嫌で何とか遅刻しないで学校に行っていた。ところが，大学では誰も何もいわないし，親も「もう大学生なんだから自分で何とかしなさいよ」てな感じ。気楽だね。今日はどうしても休めなかったけど，明日の1時限の教授は出席取ってないから，さぼっちゃえ。今夜はサークルの集まりがあるし。

ショータのような人はたくさんいますし，みなさんの親世代も多分同じだったと思います。「まあ，大学生だからしょうがないよね」で4年間ずっとすまされる人もいるでしょう。どの授業に出て，どの授業に出ないかは学生の自由です。サークルやアルバイトも含めて生活の組み立ては自分に任されています。

しかし，ショータのような生活を続けているととんでもない状態に陥ってしまう人もいることを知っておいてください。しかも，そういう人は決して少なくないのです。

みなさんが小学生のときは，親も「ちゃんと寝なさい」とうるさくいっていたと思いますが，中学生ぐらいになると「もう思春期だ

から」と眠る時刻に干渉しないし，若いときに自分も夜更かしして
しまった記憶があるので（中高年になったいまもそうかも），子ども
の寝不足や睡眠の乱れを大目にみてしまう傾向があります。「眠た
いなら自然に眠れる」という考えもあるので，食事よりはうるさく
いわないかもしれません。だからこそ，人頼みにせず，自分のこと
は自分で何とかしなければいけないのです。

　そもそも哺乳類全体として，思春期にあたる成長期に睡眠が大き
く乱れて夜型になるものが多いとのことです。これは生物学的な身
体変化に伴う現象で，思春期に夜型になってしまうのはある意味で
仕方がないと考える脳科学者もいます（Hagenauer et al., 2009）。し
かし，高校生までは，学校が決めた規則正しいカリキュラムに沿っ
て比較的規則正しい生活を送ってきた人がほとんどです。大学では，
授業選択の仕方によっては変な時間に空きができたり（午前中は授
業がなかったりする！），サークル活動やアルバイトが曜日によって
あったりなかったり。こんな変則的な生活は初めてでしょう。だか
ら，生活内容やリズムを自分で決めて，新しい生活習慣を身につけ
るということは，多くの人が初心者です。みなさんも新しい生活に
入るこの機会に，**生活習慣**がこころと**からだ**にどんな影響を与える
かを考えてみましょう。

2. 大学生のからだ
—— 18歳から20歳代前半は「大人」と同じなのか？

　生活習慣を考える前に，まず大学生のからだについて考えます。
身長だけを考えれば，大学生はたしかに成長が止まっているように
みえます。あなたが20歳の男子で170cmなら，以後それ以上めき
めきと背が伸びることはないでしょう。しかし，からだは身長や体

重のような外見でわかる要素だけで語れるものではありません。からだには目にみえない脳の活動やホルモンの働きも含まれるからです。

　たとえば，身長にも関連する成長ホルモンの分泌は，15歳に比べれば18歳だとかなり低くなっています。しかし，背はめきめき伸びなくても成長ホルモンがまだ分泌されている人もいます。つまり，目にはみえないホルモン分泌には個人差が大きいということです。成長ホルモンは下垂体前葉（かすいたいぜんよう）から分泌されて，骨成長，タンパク質の合成，蓄積された脂肪の動員，炭水化物の蓄積などにかかわります。

　性ホルモンについてはさらに個人差が大きいといわれています。性ホルモンとはさまざまな生殖機能を刺激するホルモンの総称で，男性ではテストステロン，女性ではエストロゲン，プロゲステロン，プロラクチンが代表的なものです。20歳以下の女子ではまだ性ホルモンの分泌周期が定まっていない人も多く，それに関連するといわれている月経前症候群（PMS）や月経痛（生理痛）で苦しんでいる人もたくさんいます。PMSとは，生理が始まる3～10日ぐらい前から起こる不快な症状で，身体的症状から精神的症状までさまざまな症状が現れます。生理が始まると症状が消えてしまうのもPMSの特徴の1つです。

　ところで，**思春期**という言葉は生物学や身体医学（小児科や内科）で使われてきた用語で，心理的な変化というより身体的な変化に注目した言葉です。一般的にもそう捉えられているために，「大学生はまだ思春期だ」といわれたら，大学生もその家族も不思議に思うでしょう。

　思春期にはからだの大きな病気にかかることが少ないので，これまで身体医学ではあまり注目されてきませんでした。しかし，思春

期は脳科学や精神医学からみるととても重要な時期なのです。たとえば，精神科医の笠井清登は10〜25歳くらいまでを思春期だと定義しています（笠井，2013）。第二次性徴が始まり前頭前野の成熟や白質の髄鞘化がほぼ完成する（つまり，脳の成長が完成する）までを思春期と考えているからです。そして，このような長い思春期をヒトという哺乳類が体験しなければならないのは，前頭葉の機能が社会生活を成り立たせる基盤として必要であり，ヒトは社会生活のなかで時間をかけて自我を育むことを要求されるからだといわれています。このように，思春期とは，脳を含めた体全体に大きな変化が生じる長い期間を指しますし，脳科学的には大学生の脳はまだ完成していない可能性があるということを意味します。

🗨 ここでいいたいこと！

- ●成長や第二次性徴などについては，小学校高学年から高校生を対象にして語られることが多く，身体的変化は大学生には関係ないと思われがちである。
- ●しかし，特にホルモンや脳の成長に関しては，20歳以下では個人差がまだあり，20歳をすぎても脳はまだ完成していないといえる。

3. 生活習慣と睡眠

3-1. 高校生から大学生の睡眠時間の推移

　思春期は，心理学的には青年期に含まれます。青年期は児童期と切れ目なく続いていますから，児童期や青年期初期の生活習慣についての問題は，大学生のような青年期中期にも影響するはずです。
　大学に入学する前の，高校生の**睡眠**はどうなっているでしょう？

高校という安定した生活空間と，外から決められた規則正しい生活習慣のなかにいるとはいっても，社会全体が眠らない現代では高校生ももちろんその影響を受けています。2000年ころの調査では，平均睡眠時間が6時間未満の生徒は全体の30.6%もいて，学年が上がるほど睡眠時間の短い生徒も増える傾向がありました（大川ほか，2010）。

　高校生の延長線上にある大学生ではどうかというと，平均睡眠時間は男子も女子も6時間ちょっとだという報告もあります（長根，2015）。ここから，睡眠時間が6時間未満の大学生も多いと考えられます。ちなみに，毎晩6時間未満の睡眠しかとらなくても体調を崩さない人のことを短時間睡眠者（ショート・スリーパー）とよびます。ショート・スリーパーではない大学生が，高校時代から習慣的に短時間の睡眠になっている場合，長期的に慢性的な寝不足状態に陥っているかもしれません。

　ショート・スリーパーになるかロング・スリーパー（長時間睡眠者；9時間以上の睡眠をとる人）になるかは遺伝的にある程度決まっているようですが，同じ人でも年齢によって変化するといわれています。ショート・スリーパーのほうが，睡眠効率がよく（つまり，睡眠に関するコストパフォーマンスがよい），ノンレム睡眠（深い眠り）の割合が多いようです。しかし，十分な睡眠時間は人によって異なるので，絶対に8時間眠らなければいけないとか，ロング・スリーパーは無駄に眠っているなどとはいえません。

　人間の睡眠は，**概日リズム**と**ホメオスタシス**という2つのシステムによって支えられていて，神経と睡眠物質の両方が関係しています。他の動物はもっと単純にできているので，彼らに比べると人間の眠りはとても複雑な現象です。それだけ繊細であり，心理社会的な影響を受けやすいといえます。ストレスがあるとすぐに影響を受

けて，眠れなくなったり，夜中に目が覚めたりします。また，先にも書いたように，短い睡眠時間でも学校や仕事があるから朝は何とか起きているけれど，無意識のうちに心身に大きな負担になっている，という人も実はたくさんいるはずです。

　睡眠の専門家の多くが，7時間程度の睡眠時間は誰にとっても適切だとしています。眠りすぎはよくありませんし，1回長時間寝てその後短時間睡眠ですまそうという「寝だめ」はもちろんできません。

3-2. こころ&からだと睡眠

**寝不足になると
からだは
どうなるか？**
　日本の研究グループが行った，脳と**睡眠負債**（日々の睡眠不足が借金のように積み重なって，心身に悪影響を与える恐れのある状態）との関係を調べた研究では，数日間の睡眠制限でも，脳のなかの扁桃体と帯状回との結びつきに異常が生じるという結果が出ています（Motomura et al., 2013）。これをわかりやすく説明すると，寝不足が少しでも続くと，些細なことで気分が沈んだり不安感が高まったりする，ということです。この研究の対象者の年齢は24.1±3.3歳なので，大学生の年代も含まれています。こうした脳内の変化に本人はなかなか気づきません。

　サークル，アルバイト，友達とのつきあいは大学生にとってとても大切ですが，睡眠不足が数日間続けば，脳は悲しみや不安のようなネガティブな感情に対してブレーキがかかりにくい状態になってしまうのです。

　一方，胃でつくられるホルモンで食欲を増す作用があるグレニンは，睡眠時間が短いほど血液中の濃度が高くなるので，睡眠不足になると過食になり，肥満や高血圧の原因になると考えられています。

また，睡眠時間が短すぎても長すぎても，糖尿病や心臓疾患の発生率が高まり，死亡率も高まることが知られています（大川ほか，2010）。糖尿病や高血圧なんて中年以降の問題だろうと考えないでください。青年期から長年にわたって形成された生活習慣は，そう簡単に変えられないからです。

睡眠の乱れ
（睡眠・覚醒障害）

世界保健機関（WHO）は国際疾病分類11版（ICD-11）という病気のリストを作成していますが，睡眠・覚醒障害はそこにも載っています。ICD-11からわかるのは，寝不足になることだけが問題なのではなくて，寝すぎてしまうこと（過眠）も，睡眠リズムが大きく乱れることも，睡眠中に起きるからだの変調も，病気の可能性があるということです。

　同じ部屋で他の家族と一緒に寝ている大学生は多くはないでしょうから，睡眠・覚醒障害は実家暮らしでもなかなか気づかれません。ましてや下宿して1人で生活していたら誰も長い間わからないかもしれません。だから，せめて睡眠時間の変化やリズムの乱れについて自覚できるようにしましょう。睡眠・覚醒障害は何らかの精神障害や薬によっても生じることがあるので，精神科医のような専門家に診察してもらう必要はありますが，まずは睡眠の問題に自分で気づくことが大切です。冒頭のように，「眠れないくらいなんとかなる」と自分も周囲も考えていると大変な状態に陥る可能性があります。睡眠の異常が重い精神障害の初期症状だったり，睡眠の問題がストレスになって重い精神障害が生じたりすることもあるのです。

3-3. 睡眠の問題をどうやって克服するか？

睡眠のモニタリング

自分の睡眠をモニタリングするだけでも意識が変わり，睡眠の習慣が変わるかもしれ

ません。最近ではスマートフォンのアプリケーションを使ってもモニタリングは可能です。アナログ的な睡眠表をつくって書き込んでもよいでしょう。筆者としては，1日の記録の正確さを追求するよりも，一見しただけで数日間のパターンがわかるような図表を作ることのほうが大切だと思います。睡眠が大きく乱れるような特別なイベントがない限り，2週間ほどモニタリングすればだいたいの傾向はわかります。第7章の「こころの柔らかワーク」も参考にしてください。

昼寝の利用　　睡眠不足の解消に昼寝がおすすめです。冒頭エピソードのショータのように授業中に寝てもよいとはいいません。昼休みなどで空き教室を使って居眠りするのは役に立つ，という意味だと理解してください。

　睡眠の専門家によると，眠気が襲ってくる昼過ぎに20分以内の仮眠をとると，その後の眠気はかなり減るので，睡眠リズムを守りやすくなるとのことです。20分を超えると深い眠りに入ってしまい，夜の睡眠にも悪影響が出て，睡眠慣性も生じます。睡眠慣性とは，目覚めたときの気分が悪く，作業効率が下がり，また眠くなってしまうという現象のことを指します。

朝型の行動にするために　　現代人の都市型生活ではどうしても夜型の行動になってしまい，朝型にしようとするのはかなり難しいことですが，次の点に気をつけてみてください。

・午前中に光を十分浴びる。
・週末も普段と同じ時間に起きる。
・1日30分でも，これまでより長めに眠るようにする。
・昼寝は長すぎないようにする。

**認知行動療法的な
解決法**

認知行動療法は薬を使わない睡眠問題の治療法として日本睡眠学会でも推薦されています。認知行動療法では，睡眠のモニタリングや不眠症に関する心理教育などが患者に行われます。加えて，睡眠や不眠に対する考え方（認知）の修正，日中の行動の適切な活性化，睡眠行動と状況との条件づけ，からだの緊張を取る筋弛緩法（きんしかんほう）なども行われます。また，就寝する時間よりも，覚醒する時間を一定に保つように指導されます。トータルの睡眠時間が短くなったとしても，決まった時間に起きないと睡眠障害が治らないということです。

ここでいいたいこと！

● 現代の大学生の生活では睡眠に異常が生じる可能性が高くなっている。

● 睡眠の問題が，気づかないうちに強いストレスを生じさせている可能性もある。

● 自分の睡眠や習慣を理解して，それに合った無理のない生活習慣を身につけることを忘れないようにする。

4. 食事と栄養

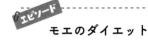

モエのダイエット

「モエももうちょっとダイエット考えたほうがいいんじゃない？ 最近，ぽちゃぽちゃだよ」と，半年前に一緒にお昼ご飯を食べているときに仲のよいミサキから冷たくいわれて，モエも急に自分の体型が気になりだした。これまであまり気にしなかったが，改めてみるとミサキは

スリムだし，同じサークルの男の子たちからもよくデートに誘われているらしい。モエは揚げ物とごはんが大好き。「自分はぽっちゃりぎみだとは思っていたけど……，あんな言い方しなくても」とミサキにも少し腹が立つ。もともとまじめなモエは，ダイエットに関する本，雑誌，ネット情報を読みふけるようになった。いまでは食べ物にもすごく気を遣っているが，ある本の影響で「結局，食べなきゃいいのよ」と数日間絶食したこともある。たしかに，食べなければ痩せるが，ちょーつらい！しかし，ここまで半年間真剣にやってきたダイエットを止めるのは，自分に負けたような気がするから止められない。

- -

4-1. 大学生の食生活

　「大学生　食生活」というキーワードでインターネットを検索すると，膨大な数の日本語論文がヒットします。これはつまり，日本の大学生の生活で食事が大きな問題になっているということの証拠です。

　大学生が生活費を切り詰めなければならないとき，まず食費からというのは昔からよくある話です。しかし，食事をしっかりとらず，栄養が足りない，あるいは偏ると，こころにもからだにも悪影響が出ることも誰もが知っています。特に危険なのは，下宿している男子学生です。いろいろ忙しい大学生に毎食自炊しなさいというのは無理だと思いますが，睡眠習慣と同様に，若いときに確立されてしまった**食習慣**は，年を取っても簡単に変えられませんから，いまから気にしておいたほうがよいと思います。実は大学生でも，**食生活**の乱れから生活習慣病になる人が増えているという報告もあります。女子学生では食事内容の偏りよりも，エピソードのモエのようなダイエットとも関連する**食べなさすぎ**のほうが問題になっています。ダイエット自体については次項で詳しく述べます。

　岡山大学生協は学生の食生活の改善に役立つ多くのことを提言し

ています（本書サポートページも参照）。みなさんの大学や大学生協の食堂でも同じような取り組みが行われているはずなので，意識して探してみてください。また，食育基本法が 2005 年に制定されたように，最近では学校でも家庭でも食に関する意識が昔よりも高まっています。みなさんも子どものころの「食育」を思い出して，できることを実践してください。

4-2. ダイエット

　若者が自分の容姿を気にするのは仕方がないことです。「他の人からの目」を気にするだけでなく，「他の人にはない自分なりのスタイル」を確立したいと考えるからです。そうした考え方自体は何の問題もありませんが，ことダイエットに関しては少々気をつけてください。先にも述べたように，脳を含めた大学生のからだは完成形とはいえないので，食事（＝栄養）はまだまだ重要です。

　特に若い女性に多い**摂食障害**は，食べられなくなるパターンと食べすぎてしまうパターンに分けられますが，両方とも明らかに食事に関する行動の問題です。しかし，それは表の顔にすぎず，本当はもっと別の心理的な原因が潜在していることが多いといわれています。子どものころからの親子関係や，本人の考え方の偏りが大きく影響している場合もあります。

　本書は臨床心理学や精神医学のテキストではないので摂食障害の原因や治療法には深く立ち入りませんが，みなさんが注意すべきことは，心理的な悩みやストレスが食行動に大きく影響する，ということです。睡眠と同じです。これまでも，悲しいときや腹が立ったときに，物が食べられなくなったり，逆にむちゃ食いしたりした経験はありませんか？ 入試のころは受験ストレスもみなさんの食事に影響を与えたかもしれません。

運動の効果

　みなさんは，自分が同じ姿勢を続けている時間が長いことに気づいていますか？ 授業中はいろいろ姿勢を変えたとしても座っている時間が長いでしょう。遠距離通学で長時間電車に乗る人，読書が好きな人，スマートフォンが手放せない人……。気をつけないと若くても血行が悪くなって筋肉は固まります。

　中高年とは違い，それがすぐに体調不良や病気につながることはないでしょうが，眼精疲労や頭痛は生じやすくなります。特に後頭部の頭痛で肩こりから生じるものは筋緊張性頭痛と呼ばれています。うつむきがちの姿勢を長く続けることによって呼吸が浅くなることも心身に悪影響があります。だから，ときどき屋外に出て深呼吸したり，からだを伸ばしたりすることはとても大切ですなのですが，現代人の生活では意図的に行わないと難しいかもしれません。

　日中の運動は睡眠にも食欲にもよい影響があるのはよく知られています。運動系サークルに入っている場合は別ですが，ジョギングやウォーキングのような軽い運動でも週に2回か3回，各30分でも行えば効果が大きいといわれています。また，寝る2〜3時間前の軽い運動も睡眠によい影響があります。全身のストレッチもよいでしょう。このような軽い運動も，新しい生活に取り入れてみてください。

　一時的な食行動の偏りがすべて摂食障害だというわけではありません。しかし，摂食障害のひとつである神経性大食症（食べすぎてしまうパターン）はダイエットから始まることも多いといわれています（米国精神医学会, 2014）。筆者が出会った大学生のなかには，親友が摂食障害と診断されて治療を受けていたが，知らないうちにその人のダイエット行動をまねるようになってしまった，という人もいました。それだけ若い女性にとって周囲からの情報や食行動は

影響力が強いのでしょう。そこには「痩せている人が美しいし，優れている」という偏ったメッセージを発し続けている社会や文化の影響がもちろんありますから，私たちで是正していかなければなりません。

　ダイエットには「食事療法」という意味もあります。それが必要な人のなかには糖尿病や痛風の患者さんもいます。しかし，医療的な視点で大切なのは，食事療法と適切なエクササイズ（運動療法）が必ずセットになっているということです。摂取するカロリーや栄養を管理するだけでは健康を維持できないことを忘れないでください。

● ● ● ● ● ● ● ● こころ の 柔らか ワーク ● ● ● ● ● ● ●

なかなか寝つけない人のための「寝る準備」

　あなたがもし，なかなか寝つけない人だったら，次の方法を試してみましょう。もちろん，日中20分以上の睡眠（昼寝など）をとっていないことが前提です。

- ・基本的には，眠くなってからベッドに入ってください。ベッドのなかでいろいろ考えたり，読書したり，スマホをみたりするのはよくありません。眠くなければ，ベッドから出て起きていたほうがよいかもしれません。
- ・寝る4時間前からカフェインはとらないほうがよいといわれています。ただし，個人差は大きいと思われます。また，空腹感や満腹感も睡眠に影響するので，夕食の時間に気をつけましょう。
- ・環境も重要なので，静かで明るくない部屋や，心地よい寝具が必要です。
- ・時計をみてはいけません。焦るだけです。

📖 ブックガイド

● **岡島義・井上雄一 2012. 『認知行動療法で改善する不眠症』すばる舎**

 臨床心理士と精神科医が協力して書いた本です。生理と心理の両面から不眠を改善する方法を教えてくれます。

● **石垣ちぐさ・本間江理子 2005. 『ダイエット』大月書店**

 こちらは精神科医と養護教諭が協力して書いた本です。中高生向きの本なので大学生には内容が簡単すぎるかもしれませんが，食と健康についてわかりやすく，幅広く教えてくれます。

第2章

学習・勉強とストレス

キーワード

講義型授業，参加型授業，大講義，オフィス・ア
ワー，小レポート，TA，テスト不安，認知構造の
変容，積極的関与，持続的関与，情報的支援，要
請特性，ゼミナール，耐性，セルフ・エンパワー
メント，研究室，論文作成サイクル

1. 教養って何？　専門はどこへ？

多種多様な科目の履修に惑うアキオ

　新学期が始まって数週間，混みあった電車にも慣れてきたころ，もう少しで連休がやってくる。けれど相談室にやってきたアキオは少々塞ぎ込みな様子でいる。「大学の授業ってもっと大らかに進んでいくものだと思ったら，課題や宿題ばっかりで全然落ち着かないです」と。連休には帰省して骨休めできると思っていたのに，予習や復習の必要な科目を考えるとそれどころじゃない気がしてくる。かと思えば数人でのグループワークが設定された授業もあり，「まさか大学に入って学級会みたいな話し合いがあるなんて。学生どうしで発言を競いあわされている気がするんです」と首を振る。どちらかというと人づきあいは苦手なようで「豊かな人間性とか裾野を広くとかいわれるけれど……」と，自分が学びたかった専門領域以外にも必修科目が設定されていることに納得がいかない。「シラバスとか授業要録とか，あの分厚い冊子やどこに何があるのか見当のつかないウェブシステムにもうんざりです」とため息を漏らしつつ，「すみません，こんなこと話してもしようがないですね。受験前にきちんと下調べをしなかった自分の責任なんでしょうから……」と小声で語りながらうなだれていた。

1−1. 意外と忙しいぞ，学部教育

　みなさんにとって，大学に入学した最大の目的は（少なくとも表向きは）最先端の学問を学び，将来の進路につながる専門性を修得することにあるのではと思います。もちろん大学側はその目的のために適切と考えたカリキュラムを組んでいるのですし，各科目を担当する教員は工夫を凝らした授業を展開しようとしています。ふた昔前の大学の講義は「先生は使い古されたノートを広げて毎年ぽそ

ほそ同じ話をしている」といったイメージがありましたが（実はそのなかに学問の真髄が込められていたりもしたのですが），いまはどこの大学も教育改革に懸命で，いかに魅力的で多彩な教育プログラムを用意できるかを競いあっているところがあります。

　大学ごとに事情は異なっていても，アキオのような戸惑いはみなさんの多くが感じることかもしれません。いわゆる初年次教育や導入教育の充実化を目指して，大学へのスムースな適応とともに，高校時代までの教育のあり方との「接続」の重要性が主張されるようになりました。

　序章で取り上げたように「入学期」はたいへん大きな変化を経験しますから，大学の環境と授業にスムースに軟着陸できるようにという配慮があります。また日本の教育行政の流れとして，学力向上や研究力の強化という命題のもと，「課題や宿題を含めて授業時間の2倍の予習・復習時間を想定した内容を授業で扱う」という指針が文部科学省から提示されたこともあり，カリキュラムや学習計画がどうしても密になってきています。従来からの**講義型授業**の改善・充実はもちろんのこと，アクティブ・ラーニングなどに代表される**参加型授業**の導入・増加も顕著な流れとなってきました。本節では，筆者のもとに相談に訪れた学生の話をもとに，講義型授業および参加型授業それぞれへの取り組み方や，テスト・レポートについてもヒントを提示できればと思います（**表2-1**に大学の授業形態と求められる構えについて簡略にまとめておきます）。

1-2. 講義型授業のコツ①：大人数の場合

　昔ながらの大学の授業イメージに近く，みなさんにとってもいちばん気持ちを楽に臨める形態でしょうか。そのぶん，つい遅刻したりサボってしまったりという誘惑が強まる場合もあるかもしれませ

表 2−1　大学における授業形態と受講の構え・留意点

形態		授業の性質	受講の構え	留意点・コツ
講義型	大人数	学問の全体像・枠組（入門・概論）	ほどよい集中力 適度なリラックス	教員との距離感徐々に 資料収集，ノートの取り方
	小人数	学部・学科特有の内容（各論・特論）＋語学	予習・復習の習慣 1週間のペース	適度な存在感（対教員・学生間） 遠慮なく質問・発言
参加型	実習・演習・実験	学部・学科特有のスキル習得	実直に課題こなす 小グループで交流	前後の予定に余裕もって はっきりと存在感示す
	討議・発案・交流	自律性・社会性の涵養＋創造性の開発	知識・論理に焦点化→	積極的に発言・コメント
			経験・情緒に焦点化→	自発的な自己表現・他者受容
ゼミ	発表と質疑	研究の土台・萌芽＋進捗状況の確認	地道な講読＋新規性 伝わる言葉・プレゼンテーション	持続力＋発想力＋構成力を磨く 打たれ強さ・セルフエンパワーメント

ん。ただ最近は出欠管理が厳しくなってきて「3回休んだらアウト」といった授業も増えてきていますので注意が必要です。

　カウンセリングの場でしばしば聞かれる台詞に「教室のどの辺りに座ったらいいかで迷うんです」というものがあります。特に親しい友達が見当たらない授業では「賑やかな集団からは離れたいし，でも1人でポツンと座っているのも……」と考えてしまうのかもしれませんね。多くの学生は教壇から離れた後ろの席に座りたがる傾向がありますが，学びたい気持ちがしっかりある場合には必ずしも得策ではありません。面接の場では「自分のペースで勉学に取り組める環境を確保するぞ！　くらいの心持ちで」「たとえば真ん中やや廊下側とか落ち着きやすい場所を」「授業が始まる直前に教室に滑り込めば会話を気にしなくともいいかも」といったアドバイスをし

ながら，気持ちを楽に入室してその場に滞在できるようシミュレーションを行うことがあります。

大講義では「概論」とか「総論」「入門」といった名称が多いことと思いますが，学問の全体像や枠組みを把握するのに最適な内容になっていることが多いので，ほどよい集中力と適度なリラックスをブレンドくらいの心持ちで臨みましょう。かつては話しっぱなしの先生も多かったのですが，現在では配布資料が用意されたり，事前に大学ウェブ（ホームページ）からダウンロードできる場合も多くなっていますから，そこに先生の言葉や自分の感想をどんどんメモしていけば，遠方のマイクで喋っているだけにみえた先生もだんだん身近に感じられるようになってきます。そして1回ごとに貴重な講義録が増えていくことが密かな楽しみになってくればしめたものです。

もし資料が配布されずテキストも指定されていない場合には，とにかく気になった用語をメモするところから始めましょう。先生はまず間違いなく自分のなかで章立てや段落を整理したレジュメを保持しているはずですから，「では最初に……」「以上でまとめると」「では次に……」といった区切りの言葉を参考に，自分のノートも徐々に大項目から小項目へと構造化されたものになっていくよう試みてみましょう。

ときどき「高校まではほとんどノートを取ったことがなかったんです」という学生がいますが，大学の授業の情報量と徐々に深まる専門性のなかで，記憶だけでは対応できなくなる場合がほとんどですので，ぜひノート作成に取り組んでみてください。聞き流してはもったいない知見や意外に親しみやすい先生の個人的エピソードなどもメモしておくと，後で見返す際に内容を思い出しやすくなるでしょう。

1−3. 講義型授業のコツ②：小人数の場合

　一方，高校までのクラスと同じくらいの人数（20〜40人）での小人数の授業では，たとえば英語や第二外国語，あるいは学部特有の特論科目などが多いことと思います。また出欠を毎回確認する先生が多くなりますから，可能な限りきちんと時間どおりに着席しましょう（語学の授業って，どこの大学も1限が多いような気がしますね。筆者も学生時代は遅刻しないようにと目覚まし時計とのたたかいでした）。座る席が決められている場合は迷わなくてすむのでかえって楽でしょうか。決められていない場合も，どうせ教室が小さめで前でも後ろでも先生の目が届きますので，どこでもあまり変わらないでしょう。目にとまった席に座ってしまってよいかと思います。やがて近い席の学生と言葉を交わす機会も出てくるかもしれません。

　テキストがあらかじめ指定され，予習・復習が必須となる場合も多いと思いますので，少々めんどうでも可能な限り目を通しておきましょう。高校時代までの授業体験とかなり近い感覚で臨めると思いますし，ある程度は予習・復習してきたぞという思いがその場にいてもいいのだという安心感につながっていきます。学生生活の週間リズムのベースとなる科目群と思いますので，ちょっと手がかかっても確実にこなしていきたいものです。

　また，次の学期・学年の授業へと段階的に結びついている場合も多いですから，確実な修得を心がけておきましょう。少人数なぶん，担当教員に質問しやすいことと思いますし，場合によっては授業後やその先生の**オフィス・アワー**（学生が自由に訪問してよい時間）に訪ねて突っ込んだ質問をすることもあっていいでしょう。また大学によっては学習相談室（広く全科目に対応の場合と数学相談室や英語相談室のように科目ごとに特化している場合も）のような窓口を用意している場合もありますので，ぜひ活用してみてください。

1−4. 参加型授業のコツ①：実習・演習・実験などの場合

　この授業形態は，入学した学部・学科ならではの内容を扱うことが多いだろうと思います。その意味では，いちばんやる気も出るし，興味深く取り組めるでしょうか。毎回の準備，あるいはしばしば求められる報告や小レポートなどを着実にこなして，近い将来の専門科目受講に備えておきたいと思います。場合によっては，授業時間内でそのテーマや課題遂行が終わらない場合もありますので，夕方にアルバイトや重要な約束は入れないようにしておいたほうが安全かもしれません。

　手を動かすこと・足を運ぶこと，実際に目前に取り扱うべき課題が用意されていることは，ここが自分の居場所なのだと実感しやすくなる作用があります。逆に馴染めないと大学全体に対してもその思いが広がっていってしまう可能性がありますから，毎回の取り組みをぜひ大事にしていきましょう。

　また**小レポート**にはできるだけ詳しく，自分の体験と感想を綴っておきましょう（1〜2行で終わるということのないように）。表現力を磨くことにもつながりますし，教員との相互交流の証でもあり，先生も「一生懸命に参加してくれたのだな」とわかると間違いなく印象はよくなります。

　また，2人一組のペアや数人単位の班・グループで進めていく場合もしばしばですので，仲良くなるには最適の環境ということになります。はじめは緊張もあるかと思いますが，不安な気持ちはお互いに同様ですし，何より近い興味関心をもっていることが多く，また同じ課題に取り組んでいくわけですから，ギャング・グループ的関係（同一行動）やチャム・グループ的関係（共通の話題；ともに第4章も参照）が自然と深まっていくこと思います。

　授業時間外にも連絡を取りあったり，集まって協議やレポート作

成を行う場合もあるでしょうから，できるだけ協力的な姿勢で，予定の調整や課題集約に向けて歩調を合わせた交流となるようお互いに配慮していきましょう。もちろん，特定の誰かに過大な負担を強いたりすることがないよう，各メンバーが応分の貢献をする形で進めていく必要があります。さらに，TA（ティーチング・アシスタント）として，学部・大学院の先輩たちが先生をサポートする要員として参加している場合もありますので，遠慮なく質問・意見交換の機会を活用しましょう。TAの先輩はみなさんの将来の姿でもありますから，ぜひ活発な交流をしてみてください。

1−5. 参加型授業のコツ②：ディスカッションや交流そのものが中心の場合

　最近の大学教育の「ブーム」といった言い方は適切ではないのですが，ディベートや率直な自己表明などの交流そのものが主眼となった授業が組まれることも多くなっています。大学としては，自律性と社会性を涵養（かんよう）する絶好の機会と捉えて積極的に推奨しているのですが，みなさんにとってはおそらく戸惑うことが多く，趣旨をつかみにくい科目かもしれません。それでも，馴染んでくるととても面白く感じられる授業でもあると思います。創造力を駆使して自由に発想を広げていくことで，将来の進路選択や卒業研究につながる場合もあるでしょう。

　参加のコツとしてまず大切なのは，とにかく必ず毎回1度は（指名を待つだけではなく）自分から話してみようとすることでしょうか。「こんな話題じゃ恥ずかしい」とか「場にそぐわないかな」とか思う必要はありません。1つの発言が呼び水となって，次の誰かが発言しやすくなりますし，必ずやメンバーそれぞれのこころのなかに新たなイメージを喚起していくことになります。また，しばらく様

子をみてから発言しようとすると「話の流れに乗っていけない」と感じてますます発言しにくくなってしまうことがありますので，できれば最初のほうに発言しておくと気持ちが落ち着いてその後も参加しやすくなるようです。同じ大学に入学してきた仲間だと感じられる機会がどんどん増えていくことと思いますし，同時に「意外と異なる感じ方や考え方があるのだなあ」と異質性を尊重しあう関係の端緒にもなっていくとよいなと願っています。

交流の進め方としては，ディベートのように「知識・論理中心」（説得力＋コメント力）の授業と「経験・情緒中心」（表現力＋受容力）の授業に大別されます。前者はテーマを設け，調べ物などを行っての交流，後者では自分のこれまでの体験やいまの思い，そして将来への希望を語りあうようなイメージになります（エンカウンター・グループ的な出会いの要素もあります；第4章も参照）。

前者ではとかく相手との「勝ち負け」の意識やメンバー間の「序列的」な思いが浮かびがちな場面もあることでしょう。でも知識・論理と経験・情緒は人間存在の両輪ですから，どちらかに片寄りすぎることのないように，できるだけ相互尊重に沿った穏やかな話しあいになるよう心がけてほしいと思います。終了時にはお互いに「ありがとう，おつかれさま」という言葉が自然と出るような交流になれば理想的です。

なお，どうしても人間関係への苦手意識が強く，抵抗感が上回って参加困難という場合には，担当教員または学生相談室（さらにバリアフリー支援室など）に相談してみましょう。ためらいや苦手意識を超えて可能な限り取り組んでいくことで，「こころの窓」を開いていくがごとく新たな自分を見つけ，成長のきっかけにしてもらえればと願っています。

1−6. テスト・レポートのコツ

　単位を取得するためには，学期中の平常点に加えて多くの場合，学期末に行われるテストもしくはレポート提出が必須となります。学生のみなさんに「テストとレポートのどちらがいい？」と尋ねると9割がた「レポート！」と答えます。それだけテストというもののプレッシャーが大きいのでしょうね。心理学でも**テスト不安**という用語があるように，失敗への恐れや無力感，身体的な緊張が強まって課題への集中が妨げられる場合があることが指摘されています。恥ずかしながら筆者のような年配者でも何か気になることがあると「数学の問題がまったく解けず真っ青になっているうちに終了のチャイムが鳴る」などという夢をみることがあります。ただ，冷静に考えてみると「テストは決められた時間帯で必ず終わる」のに対して「レポートは締切ギリギリまでいくらでも推敲の余地ができてしまう」ので，労力的には大変なのではないでしょうか（序章で紹介したコーピングでいえば**認知構造の変容**ですね）。

　テストでもレポートでも，授業内容をノートやテキスト・参考書などで繰り返し復習し，科目によっては演習問題を何回か解いて，自分の知識体系や行動様式のなかに定着させます。そのうえで，改めて別の場（テスト会場，レポート用紙やモニタ上）で再現もしくは表現できることを目指します。

　多くの学生が言及するのは「やらなくちゃいけないとわかっているのに，ついつい試験前になると，スマートフォンの未読通知を確認してしまったり，ゲームから逃げられなくなっちゃうんです」という事象です。

　これはもう「やるっきゃない」のですから，切り替えて**積極的関与**で正面から取り組んでみることがいちばんでしょう。やり始めるとだんだん乗ってきて「ああ，もっと早くに取りかかればよかった

からだが語る言葉

　授業を担当している際に，学生のみなさんのコンディションが気になるときには，「こころの柔らかワーク」的に「からだ」が表現しているものを尋ねることがあります。ちょっとやってみましょう。

　座ったまま，まず深呼吸をして，楽な姿勢で（目をつぶって）からだのなかでどうも具合がよくない，本調子でない，違和感がある部位に焦点を当ててみてください。

①その部位はどのようなメッセージをあなたに投げかけているでしょうか。ゆっくりと耳を傾けてみてください。
②そのメッセージに対してどのような言葉で応えてあげたくなるでしょうか。そしてその言葉をもってその部位をさすってあげてください。
③何か気になるストレス状況があるようでしたら，有効な方法（もしくは予防策）を考えてみてください。

　たとえばある文系学部の授業（3年生中心）では，200人以上のなかで「特に気になるところはないですよ」と答えてくれたのはわずか2人で，ほとんどの学生があちこちの不調を訴えるのでした。「目」「肩」（それぞれ2〜3割）に続いて「首」や「頭」も多く，また男子は「腹」（消化器系が弱い？），女子は「脚」（疲れやお洒落の影響？）という回答も目立ちます。総じていえることは，学生のみなさんの余裕のなさと漠然とした疲労感でした。「やることが多くて休めない」「毎日何かに追われている」といった感じがあり，「学年とともにストレスを感じるように。物事をきちんと考えるようになったから？」と成長のプロセスの一環として捉えることが可能な場合もあれば，「スーツはもうイヤ。自然に振る舞いたいのに」と就職活動の影響を感じさせる記述もあります。ぜひ，軽くからだを動かしてリラクゼーションを図ったり，序章に掲げたコーピング（対処様式）を実践して，気持ちを切り替えていきましょう。

……」と苦笑いになる場合がほとんどではないでしょうか。また，疲れてきた際に小休止を入れることは必須なのですが，その時間が中途半端に長くなると，なかなか課題に復帰しにくくなることがあります。ここは「いい・加減」で**持続的関与**のモードをテスト期間中は崩さないでいると「さほどの集中力とはいえなくとも継続することで結果的に全範囲を確認することができた」となるようです。状況にもよりますが，リラックスできる音楽をかけるなどで長時間の関与が可能になる場合もあります。

　欠けている資料やノートの埋め合わせ，どのくらいの準備をすればよいか，あるいは過去問が出回っているのかどうか，といった情報はサークル関係や友達関係のなかで共有されることが多いでしょう。**情報的支援**はとても有用ですので，勇気を出して尋ねてみることは大切です。

　一方で「他者に頼らずに自分の力で乗りきりたい」として情報を求めない，あるいは「他の学生にノートをみせたくない」気持ちが起きることもあります。そのようなあり方もまた尊重されるべきと思います。テストやレポートの時期には，各自のコーピングのみならず，価値観や交友関係のあり方も見え隠れする場合があるともいえるでしょう。

🗨️ **ここでいいたいこと！**

- 講義型授業のコツ（大人数・少人数），参加型授業のコツ（実習中心・交流中心）を参考に主体的な学びのスタイルをつくっていくことが大切。
- テストやレポートも学びを定着させる貴重な機会と捉えよう。

2. いきなりオリジナリティを求められても……

学びのスタイルの変化に悩むアキオ

入学当初は大学の授業に戸惑いを隠せなかったアキオも次第に主体的な学び方を会得し、2年生・3年生と進級するにしたがって成績が上がっていき、4年生になるころには学科でも最上位に近いスコアを示すようになっていた。自分でも自信がついて、このまま大学院に進学して研究者を目指してみようかという気持ちになりつつあったある日、研究室で開催されたゼミでプレゼンテーションを行ったところ、担当教員から「どうしたんです、君は優秀と聞いていたけどそんな程度ですか。文献を読んでただまとめるだけじゃなくて、君自身の考えやアイデアを加えなくちゃいけませんよ！」と叱咤されてしまった。アキオとしては「教わっていないことまで求められても……」とちょっと納得のいかない思いを抱くのだが、先輩たちもうなずいていたので反論もできずに押し黙ってしまった。

2−1. 学問集団には独自のカルチャーがある

高校から大学に入る際の変化の大きさはこれまでに言及してきたとおりですが、実は大学で勉学を続けていくなかでも1〜2度は学び方がガラッと変わるという**要請特性**の変換に直面することがあります。教養科目や基礎科目が中心だった時期から、より高度な専門科目に切り替わっていく時期（大学や学部・学科によって異なりますが2年生進級時もしくは3年生進級時が多い）、さらには、研究室に所属して卒業研究に向けて自ら課題設定を行うことが求められる4年生では（まさにアキオがその渦中にあるわけですが）、それまでに身につけた学習スタイルではうまく対応できない場合があります。

卒業論文や大学院進学が視野に入ってくるころは「知識の消費者

から生産者へ」（鶴田，2001）と表現されるほど質的な転換を必要とします。つまり既成の知識やスキルを超えて新たな何かを生み出していく姿勢が求められるということですが，ようやく学問の入り口にさしかかったばかりの4年生が書く卒業論文にそこまで高度な内容を期待することは難しいでしょう。ただ，日頃から自身の研究と大学院生の指導に注力している教員は，少なくとも研究に向きあう基本姿勢と一定のスキルは身につけてほしいという構えで学部生に対しても接することになります。

さて，ここで留意しておきたいことは，その基本姿勢に該当するものが，学問領域によって，あるいはその領域に集う研究者の集団によって，若干異なってくるということです。**表2−2**は，数多くある学問領域の諸特性を統計的に検討して，大きく4つの集団に整理したものです（山崎・安東，1989）。

たとえば物理学に代表される「純粋科学」では知識の性質として「普遍性を求めて発見や説明を求める」ため，学問の性質としては非常に「競争的」で「論文公表」を頻繁に行うべく妥協を許さない態度で実験や解析・理論化に向かっていきます。

これに対して教育学を代表とする「応用社会科学」では「機能的，功利的」で「専門職業者の実務向上に関心」があり，「知的流行に支配され」「論文公表率は低くなる」という教育学部出身の筆者にとっては耳の痛い記述が並んでいます。

実際には，同じ学部でも学科ごとに文化・カラーにかなりの違いがあり，そこで必要となる知識やスキル，研究方法論は大きく変わってくる場合があります。みなさんが専門領域を決める際にはその領域の特性を十分に調べ，自身の興味関心や持ち味，得意なもの・不得手なものをよく自覚したうえで，マッチングを熟考することが不可欠となります。

表 2-2　学問集団別の知識と文化

学問の集団	知識の性質	学問の性質
純粋科学 （例；物理学） ハード・純粋	累積的，原子論的（結晶的・樹状的），普遍性，数量や単純性に関心をもつ。発見や説明を目指す。	競争的，集団的，政治的にはよく組織化されている。論文公表の頻度は高い。仕事中心。
人文科学と純粋社会科学 （例；歴史学や人類学） ソフト・純粋	反復的（有機体的・樹状的）。特殊性，質，複雑性に関心をもつ。理解や解釈が最終目標。	個人的，多元主義的，緩く構造化されている。論文公表の頻度は高い。人間中心。
工学 （例；機械工学） ハード・応用	目的的，実用主義的（ハードな知識に基づくノウハウ），物的環境の支配に関心，生産物や技術開発が目標。	企業者的，コスモポリタン。専門職の価値に支配される。特許取得が論文公表に代わる役割中心。
応用社会科学 （例；教育学） ソフト・応用	機能的，功利的（ソフトな知識に基づくノウハウ），（半）専門職業者の実務向上に関心，手順や手続きの開発が目標。	外部を向く，地位が不安定。知的流行に支配される。顧問活動のため，論文公表率は低くなる。権力志向。

（出典）　山崎・安東（1989）より作成。

2-2. やっぱり忙しいぞ，専門教育

　大学 4 年あるいは大学院になると，講義の数はぐっと少なくなり，研究に直結した**ゼミナール**形式の授業等が学習の中心になります（大学によっては初年次ゼミなどの名称で早い段階からこの形式の授業に馴染んでもらおうとする場合も増えつつあります）。

　論文講読あるいは講究，卒論ゼミと称されるもので 10〜20 人くらいの少人数でみっちりと意見交換を行うことがほとんどです。論文講読であれば毎回英文で数ページから時に 20 数ページ進みますし，自分が関心のあるテーマに沿った研究動向をまとめて提示する場合には参考文献も含め何本もの論文を読んでくるよう要求されます。これまでの授業に比して，準備に必要な時間がケタちがいに多くな

りますので，1週間に数えるほどしかゼミが設定されていなくとも，特に発表の順番が近づいてきている場合には，相当な忙しさを感じることになります。

　ゼミなどへの参加のコツは，基本的には前項の参加型授業がベースになりますが，重要になるのは「発表のコツ」と「マネジメントのコツ」という要素をいっそう加味していく必要があるということです。

2-3. ゼミ発表のコツ

　ゼミでの発表手順としては，①素材となる資料や論文を探す，②収集した資料や論文を読み込む，③キーワード・鍵概念を抽出する，④これを目的と重要度に沿って整理し直す，⑤自分なりのストーリーを組み立てる，⑥自分の感じた疑問や今後の課題を加える，⑦自分が着手してみたい研究計画をイメージする，⑧これらを配布資料もしくは投影資料（スライド）に記述する，という手順を丁寧に進めていくことがベースとなります。

　おそらく最初の発表の順番が回ってくる前に，先輩たちの発表を聞く機会があるでしょうから，そこでおおよその枠組と進め方をうかがい知ることができるかと思います。また，ゼミによっては事前に発表練習を奨励している場合もありますので，先輩や同級生に同席してもらうと，わかりにくい箇所や補強すべきポイントを教えてもらうよい機会となります。

　このような助言はとても貴重なのですが，時間をかけた自分の資料や発表内容にケチをつけられたように感じて一時的に落ち込んだりやる気を削がれたりということが起きる場合があります。打たれ強さ（**耐性**）を身につけていくよい機会という見方もできますし，先輩たちは「よかれと思って」発表内容にコメントしているのであ

学びのアンバランス──学習障害・発達障害について

　みなさんは入学や進級にあたって，得意科目や興味関心に沿って学部・学科を選んで入学したことと思います。それゆえ大学の授業は特別の配慮がなくとも学習可能であり，単位取得も滞りなく進むはずという先入観が強い時代が長く続きました。ところが近年，発達障害のある学生が苦労を抱えながら在学していることが指摘され，適切な配慮（大学も無理なく対応可能という意味で合理的配慮と称されます）が求められています。たとえば，文字を識別することが機能的に困難な学生（読字障害など）には後で時間をかけて確認できるよう黒板の写真撮影を認める，音声が過剰に聞こえてうるさく感じられる学生（聴覚過敏）には教員の声を選択的に収集するヘッドホン着用を認めるなどです。

　国連において「障害者の権利に関する条約」が採択（2006年）されてから10年，ようやく「障害者差別解消法」が施行（2016年）され，国立大学では障害学生支援部署（バリアフリー支援室など）を必ず設置，私立大学でも同様の機関もしくは学生相談室などで対応を行っています。発達障害は目にみえにくいため研究と社会の理解も遅れがちでしたが，現在ではASD（自閉症スペクトラム障害），ADHD（注意欠如多動性障害），LD（学習障害）に分類されるという学説にほぼ集約されています。また重要なのはスペクトラム（連続体）という考え方で，ASDでは「限定的な興味対象」「場の状況や文脈を読み取れない」など，ADHDでは「集中力を持続できない」などが指摘されますが，このような特性は多くの人々にみられるものであって相対的な程度の問題とみることも可能です。LDでは科目ごとの得手不得手の延長線上に感じられる側面もあります。多様性（ダイバーシティ）の重要性が謳われる今日，障害も含めて各自の個性なのだと受け入れられ，相互に尊重される社会をつくっていきたいものです。そして自身の特性が気になる場合は遠慮なく相談室を訪ねてみてください。

って，人格を批判しているのではないことを忘れないようにしましょう。さらには 1 人の部屋でも実際に声に出して練習したり，電車のなかなどでは頭のなかでシミュレーションしたり，ということで発表内容をさらに吟味しつつ自分のなかに定着させていくことができます。いよいよ本番が近づいたら，自分を励まし（**セルフ・エンパワーメント**），かつ「なるようになるさ」と言い聞かせて（自然体で）臨むということになるでしょう。

　大切なのは「自分でも面白がること」です。自分が面白く意義ある内容と感じていて，そのことを伝えたいのだという雰囲気が滲み出ていれば，相手も聞きやすくなります。また，苦手意識が強い学生には，たとえば「2 割増しくらいの声量で，背筋を伸ばして数センチ高いところから声を届ける感じで」（いつもの自分から切り替えて）などと勧める場合もあります。

　さて，用意した発表内容を語り，プレゼンテーションが終了したら，今度は質疑応答の時間が用意されます。始まる前は「答えられなかったらどうしよう」と思いがちですが，大体の場合，発表を行うことで気分が高揚し，心身も活性化していますから意外と言葉が浮かんでくるものです。もしどうしても出てこない場合には「ご指摘ありがとうございます。改めて考えてみたいと思います」といったひと言を返し，先生や先輩の助言を後から乞うということもありえるでしょう。終了後は，出てきた質問やコメントをメモしておいて，今後の学びと研究のよき材料として活かしていきましょう。

2−4. ゼミマネジメントのコツ

　ゼミによっては，運営を学生に委ねて，ゼミ係の学生が発表者の順序を決めたり，先生や先輩との予定合わせや部屋の予約をしたりという場合があります。「参ったなあ，めんどくさいなあ」と思う

こともあるでしょうが，「メールの書き方や意見の集約など調整力や渉外力が身について役立ちました」と少なからぬ先輩たちが語っているように，貴重な社会的体験にもなります。

　また，司会進行を担う場合には，まずは発表者を尊重し，苦労をねぎらいましょう。ディスカッションでも先陣を切ってポジティブなコメントを発することで，発表者を守る方向にスタンスを定めると，全体の雰囲気が融和的な方向へと落ち着いていくかと思います。そして参加メンバー間の発言を促しつつ，相互に関連づけて発展させていければと思います。普段は臆して前面に出ることを避けがちであっても，司会進行などの「役割」を担っているという意識が，背中を押してくれます。また，担当教員の先生や大学院生の先輩が，そのセッションの学びを総括するようなまとめのコメントを考えていることが多いので，ゼミや会合の終盤に頃合いをみて発言を依頼してみるのもよいでしょう。

2−5. 研究室：ここが自分の小宇宙

　学部4年生および大学院生では，**研究室**が最大の居場所となります。週に何日，あるいは何時間くらい滞在するかは領域によって異なりますが，理工系では週の大半を研究室で過ごす場合も珍しくありません。それゆえ，自分がどこの研究室に所属することになるかはきわめて大きな課題となります。研究室の機能はおおよそ以下の4つの側面から考えることができます（齋藤・道又，2000）ので，ぜひ参考にしてください。

**教育集団としての
研究室**

大学は教育機関ですから教育の機能が一番大きいのは当然なのですが，選択と配属プロセス（志望順位，定員や成績など），研究テーマ（自分で探すのか提示された選択肢から選ぶのか，教員が指定す

るのか……など），教員の指導方針（自主性優位か指示優位かなど）といった要素が含まれ，特にテーマや指導方針に係わるマッチングはその後の適応に大きく影響します。

職能集団としての研究室

特に理工系や医歯薬系などにおいては必然的に職能的な側面が入り込んできます。たとえば，業績・競争主義（より早い発表，より評価の高い学会誌への投稿，より多額の資金獲得などを目指す），企業との関係（産学共同，構成員が往来），効率優先（締切や納期など）などが，時に教育集団としてのあり方と齟齬を生じさせる可能性があります。

疑似家族集団としての研究室

現状では男性教員が研究室を主宰する場合が多いため，家父長主義のような様相を呈するとともに受容的でなく女性の視点に欠ける傾向があり，女子学生のジェンダー面での苦労が大きくなりがちです。また助教・助手が削減されている場合はいわば叔父・長兄的に，教員と学生の間をつなぐ存在がおらず，最上級生の負担が大きくなります。年齢の近い学生がいちばん近いライバルとしてきょうだい葛藤のように張りあう状況は日常的に生じます。

同輩集団としての研究室

講義中心の時期に比べ，研究室では密度の濃い人間関係となり，共同作業・懇親の機会・スポーツや行楽など，あらゆる機会をともにします。第4章で述べるようなギャング・グループ的な関係（同一行動）からチャム・グループ的な関係（共通の話題），さらにはピア・グループ的な関係（異質性の尊重・相談相手）も可能になってきますので，一生つきあえる仲間ができる場でもあるといえるでしょう。

　自分が希望する研究室がどのような特性を有しているか，ぜひ事

前に研究室訪問を行って，研究内容はもちろんのこと，雰囲気や先生の人柄なども体感したうえで志望順位を決めることをお勧めします。また，すでに研究室に在籍しているのであれば，時折，研究室の特性や文化を点検して，よりよい場所にしていくために必要な要素を検討してみてください。

2-6. 卒業論文の作成

さて，最大の課題となる卒業論文には**論文作成サイクル**ともいうべき一定の進め方があります（齋藤，2001）。「土台づくり」や「テーマ選定」（4～6月）に始まり，やがて「研究の本体」（7～10月）に注力したうえで「考察」「論文化」（11～12月）を進め，最後に「発表」（1～2月）に臨むことになります。

その時々に具体的課題と要請特性が存在し，学生のこころに葛藤を生じさせることになります。この道程を着実に進んでいくことで研究者としての土台が形成され，徐々に自信をもって卒業に向かっていけるようになります。

ここでいいたいこと！

● 各学問領域には独自の文化があり，知識の性質も求められる資質も異なっている。
● 研究室は1つの小宇宙のように多義的な場なので，実際に訪問するなどして，どの研究室に所属するかを慎重に検討したい。

・・・・・・・ こころ の 柔らか ワーク ・・・・・・・

専門を決める理由

　自分の所属学科や専門領域，研究室などをどのようにして決めましたか。まだこれからの場合は，何を手がかりに決めたいと思っていますか（雰囲気，イメージ，先生の人柄，学問内容，自分の特性，成績，誰かの勧め，評判など）。思いつくままに記したうえで，優先順位を考えてみましょう。

・・

📖 ブックガイド

●**高田瑞穂 2009.『新釈現代文』筑摩書房**
　伝説の大学受験国語参考書（原版：1959 年）ですが，近代思想の啓発書にもなっています。本書で示された「たった１つのこと」，すなわち論の展開を正確に追跡して論旨を把握することはすべての学問に通じますので，筆者も学生相談の補助教材として用いることがあります。

●**川口淳一郎 2010.『小惑星探査機はやぶさ──「玉手箱」は開かれた』中央公論社**
　「はやぶさ」の快挙は科学技術の進歩が人々に夢と希望を運んでくれることを改めて示してくれました。先般「はやぶさ２」の成功も報じられましたが，みなさんにはぜひとも叡智を集積した同様の書籍群を手にとって，大学で学ぶことから到達可能な地平を見渡してほしいと思います。

●**高橋知音 2012.『発達障害のある大学生のキャンパスライフサポートブック──大学・本人・家族にできること』学研教育出版**
　著者の長年の実践と研究に基づいて，学習や対人関係に思わぬ苦労を背負い込む学生のために，自己理解と適切な対処のあり方，そして大学に求めうる合理的配慮についてわかりやすく記されています。

第 3 章

課外活動・学外での
トラブル

キーワード

アサーション, DESC 法, いじめ, ハラスメント,

セクシュアル・ハラスメント, 飲み会, カルト,

マインドコントロール, 返報性の原理, 悪質商法

1. アルバイトでのトラブル

ヒロシのアルバイト

ヒロシは，1年生の夏からレストランでのアルバイトを続けています。はじめは不慣れだった接客の仕事もだんだんと慣れていき，店長もとても尊敬できる人で，ヒロシに信頼も寄せてくれるようになり，やりがいを感じながらアルバイトに励んでいました。

2年生後期の必修科目は，その単位を落とすと留年が決まってしまう大事な科目でした。そのため，ヒロシは，試験期間である1月前半のアルバイトのシフトを外してもらいたいと考えていました。ところが12月のある日，店長から「1月は人手が足りなくて困っているんだよ。ヒロシ君にいつもより多めにシフトに入ってほしいんだ。君がいないと，お店を閉めざるを得なくなるので，よろしく頼むよ」と頼まれてしまいました。最近になって複数のアルバイト店員が辞めたこともあり，店長はヒロシをさらに頼りにするようになっていました。

ヒロシは，自分がシフトに入るのを断るとお店が回らなくなることもよくわかっていて，いつもよくしてくれる店長には恩義を感じていたので，店長の勢いに押されて，断ることができませんでした。

試験期間中も毎日のようにアルバイトのシフトを入れてしまった結果，試験勉強に取り組む時間と余力がなくなったヒロシは，結局，必修科目の単位を落としてしまい，留年することになってしまいました。それを知った両親からも強く叱責され，ヒロシ自身もこんなハズではなかったのに……とひどく落ち込んでしまい，留年してからは授業を休みがちになってしまいました。

1-1. 辞めたい・断りたい

多くの学生が，大学生の間に何らかのアルバイトやボランティアに取り組むのではないかと思います。アルバイトには，働いて給与

を得るという経済的側面もあれば、働くことを通して社会経験を積むという側面、あるいは、アルバイトの職場が学生生活を送る拠点や居場所となるという側面もあります。アルバイトやボランティアは、働いたり奉仕したりする体験を通して、社会を知り、自らを振り返る機会となるという点で、みなさんの心理的成長にとって大きな意味をもつものです。

しかし、冒頭エピソードのヒロシのように、アルバイトの負担が大きすぎて学生生活が立ちゆかなくなってしまったり、仕事のプレッシャーや対人関係のトラブルなどのためにアルバイトを続けることが悩みとなることもありえます。ヒロシが勤めているレストランはきちんとした職場のようでしたが、近年、「ブラックバイト」と呼ばれるような、長時間労働の強制、賃金の未払い、働き手に不当な金銭的負担を求めるなどの、問題となるような職場もあったりするため、注意が必要です。

ヒロシの例のように、断りたくてもなかなか断りにくいという状況は、学生生活上のさまざまな場面で遭遇するかもしれません。こんなときには、自分と相手の双方を大事にするコミュニケーションである**アサーション**（assertion）を活用してみることをお勧めします。アサーティブな言動をすることで、受身になりすぎず、また、相手を攻撃するわけでもなく、相手の立場や心情に配慮しながらも自分の考えを伝えることができるようになります。

ここでは、アサーティブなセリフづくりの方法として **DESC 法**を紹介します（**表 3-1**）。DESC 法は、描写する（describe）→説明する（explain）→特定する（specify）→選択する（choose）という各ステップの英単語の頭文字を取って名づけられています。頼んだり、断ったりするのが容易でない状況では、この DESC 法の 4 つのステップでセリフを前もって用意しておくことで、自分も相手も大事

表 3-1　DESC 法を使ったセリフづくり

ステップ	説明	ヒロシの場合
describe（描写する）	自分が対応しようとする状況や相手の行動を描写する。	来月のシフトなんですけど，期末試験が近くなっていて，その勉強にかなり時間がとられそうです。
explain（説明する）	状況や相手の行動に対する自分の主観的気持ちを説明する。	人手が足りないのはわかっているのですが，今学期単位が取れないと留年してしまうので，試験期間は勉強に集中したいと思っています。
specify（特定する）	相手に望む行動，妥協案，解決策などの提案をする。	来月後半には，試験が終わって，シフトに入ることができるのですが，前半はシフトから外してくれないでしょうか。
choose（選択する）	肯定的，否定的結果を考えたり，想像し，それに対してどういう行動をするか選択肢を示す。	人手が足りない状況でとても申し訳ないのですが，進級がかかっているのでご配慮いただければと思います。その代わり，後半はたくさんシフトを入れてもらっても大丈夫です。

にするコミュニケーションが可能になります。もし，ヒロシが DESC 法を用いてセリフを作っていたとしたら，「(D) 来月のシフトなんですけど，期末試験が近くなっていて，その勉強にかなり時間が取られそうです。(E) 人手が足りないのはわかっているのですが，今学期単位が取れないと留年してしまうので，試験期間は勉強に集中したいと思っています。(S) 来月後半には，試験が終わって，シフトに入ることができるのですが，前半はシフトから外してくれないでしょうか。(C) 人手が足りない状況でとても申し訳ないのですが，進級がかかっているのでご配慮いただければと思います。その代わり，後半はたくさんシフトを入れてもらっても大丈夫です」と店長に伝えることができたかもしれません。もし，ヒロシがアサーティブに行動して，試験期間中のシフトを外してもらえていたら，ヒロシのその後の学生生活は違う展開になっていたかもしれません。

なお，どんなときもアサーティブに行動しなければならないのかというと，そういうわけではありません。アサーションは誰もが平等にもっている「権利」です。誰もがアサーティブな自己表現をする権利をもっていますが，同時に，アサーションしない権利ももっています。相手，状況，自分の状態など，場合によっては自分の考えを人に伝えることが簡単ではないことも多くあると思います。（相手を大事にしつつ）自己主張してもよいですし，今回は自己主張しないという選択をすることもアリなのです。

1-2. 学業とのバランスを

　大学生活は，高校までの学校生活と比べると自由度が高くなり，そのぶん，授業以外の生活時間を含めた生活全体の「時間割」を自分で組んでいく必要があります。学業以外にも，アルバイトやボランティア，サークルや部活動，趣味の活動，友人や恋人との交流など，さまざまな活動のバランスをどのように取っていくかは，大学生の共通の課題といえるでしょう。

　各々の活動にどの程度時間とエネルギーを割くのかは人によってさまざまかもしれませんが，学業に取り組むことは，大学生である以上，避けて通ることはできない活動です。物事に一生懸命になり夢中になると，どうしても周りがみえなくなることがあります。ヒロシのようなことにならないよう，時折立ち止まって，現在と将来の学生生活プランについて見直してみるのがよいでしょう。異なる視点からの意見により，視野狭窄に陥ることを避けることができるので，学生生活プランを見直す際には，友人や家族，大学の教職員など，違う立場の人から意見をもらうこともお勧めです。

😑 **ここでいいたいこと！**

● 断りにくいときは，自分と相手の双方を大事にするコミュニケーションである「アサーション」を活用しよう。

● それまでの生活と比べて自由度が高い学生生活のなかで，さまざまな活動のバランスをどのように取っていくかに留意しよう。

2. サークル活動・部活動

2−1. いじめ・ハラスメント

エピソード

飲み会で嫌な思いをしたハルカ

ハルカは，所属しているサークルの飲み会で，他のメンバーからいじられて馬鹿にされたり，性的な話題につきあわされたりして困っています。時には，飲み会中に，先輩の男子学生からからだを触られてとても嫌な思いをすることもあります。しかし，ほかの人たちは楽しんでいるようですし，全体の雰囲気を悪くしてしまうとよくないと思い，毎回我慢してしまいます。

いじめというと，小学生や中学生の話と思うかもしれませんが，残念ながら，大学でも（あるいは大人の社会のなかでも）なくなるものではありません。大学では，「いじめ」ではなく，**ハラスメント**という言葉が用いられることもありますが，両者は，相手を不快にさせたり，尊厳を傷つけたり，不利益を与えたりする言動を指すという点で，共通する概念といえるでしょう。

セクシュアル・ハラスメント（セクハラ）は，「相手の意に反する性的な言動」を指します。ハルカが飲み会でされていることは，ハルカの意に反するのであれば，セクハラになりうる行為です。セク

ハラになるかどうかのポイントは，加害側がその気がなくとも，被害側が「意に反する」と感じた性的な言動であるかどうかということです。セクハラの加害者にならないためには，自分の言動を相手がどのように受け取るのかについて想像力を働かせて，常に自分の言動に気を配る必要があります（セクハラの問題については，第6章も参照）。

　暴言や暴力が伴わないような場合には，加害側にも被害側にもいじめであるという認識が生じにくいことがあります。身の回りに何かとからかわれている「いじられキャラ」がいないでしょうか？いじられている側は，いじりについてどのように受け止めているでしょうか？　その人は，友人が関わってくれることでうれしく感じる反面，敬意を欠く関わりしかしてもらえないと傷ついているかもしれません。自分が他者から尊重され，自分も他者も尊重する，そういう人間関係づくりは，大学においても，その後の社会生活においても，必須の基本姿勢といえるでしょう。

　また，自分が友人から尊重されていないと感じ，その行為がいじめやハラスメントなのかもしれないと気になることがあれば，勇気を出して，周囲の信頼できる人に相談してみましょう。学内のハラスメント相談窓口や学生相談室を利用することもできます。カウンセラーや相談員が，きっとみなさんの力になってくれるはずです。

2-2. 飲酒トラブル・事故

一気飲みををさせてしまったトシアキ

　トシアキは，とある運動系サークルで代表を務めています。1年生が先輩から注がれた酒をすべて一気飲みしなければならないという，サークル伝統の飲み会があり，参加していた1年生の1人が酔い潰れて

しまい，急性アルコール中毒で救急搬送されるという飲酒事故が起きてしまいました。その学生は無事に回復したものの，サークルは1年間の活動停止処分を受け，長期にわたって練習や試合ができなくなってしまいました。多くのメンバーが落胆し，サークルを辞める者も出てしまい，トシアキはサークルの代表者として，その責任を痛感しました。

　大学生になると，新入生歓迎会，サークルやゼミの合宿，卒業生の送別会などで，お酒を飲む機会が増えることでしょう。楽しいはずの**飲み会**が，学生の命が失われる危険で悲惨な場になってしまうこともありえることを肝に命じておく必要があります。体質的にアルコールをまったく受けつけない人もいます。一気飲みや一気飲ませは，命に関わる危険な行為であることを認識すること，酔い潰れるまで飲むことを前提とする飲み会にしないこと，もし酔い潰れた人がでた場合には放置せず，救急医療につなぐなどの対処を行うこと，未成年に飲酒させないことなどを，飲み会の幹事的立場の学生は心がける必要があります。

　問題が生じやすい飲み会は，飲み会の場の空気や上下関係による暗黙の強要があります。酔い潰れた学生を放置すると，最悪の場合，死に至ることになります。このような場合には，一気飲みを強要した学生や，管理的な立場にある学生は，刑事・民事の両面で法的責任が問われることがあります。脅迫して無理やり飲ませた場合には脅迫罪が，酔い潰れた人を保護せずに死に至らしめた場合には保護責任者遺棄致死罪が，というように，刑事事件になる可能性がありますし，被害者側が損害賠償を求めて民事裁判に訴えることも増えてきています。

　トシアキのようなことにならないように，サークルや部活の管理

的立場の学生は，飲酒事故の危険性について十分認識し，飲み会の場を安全な場にするという責任を負っているということを肝に銘じておく必要があります。

💬 ここでいいたいこと！

● いじめやハラスメントは人権侵害に当たる。自分も他者を尊重する人間関係づくりを心がけよう。

● 飲酒の事故を避けるために，一気飲みや一気飲ませは生命に関わる危険な行為と認識しよう。

3. だまされない

3-1. カルト団体の勧誘

　読者のみなさんのなかには，キャンパス内外で見知らぬ人に声をかけられ，勧誘を受けたことがある人も多いのではないかと思います。多くの大学で入学時のガイダンスなどで，「カルト宗教の勧誘に気をつけるように」という注意喚起が行われていますが，**カルト**の被害は後を絶ちません。マインドコントロールなどの悪質な手法で信者を服従させ，悪徳・違法行為を繰り返す宗教団体のことを「（破壊的）カルト」と呼びます。カルト団体には，キリスト教系や仏教系などさまざまなルーツのものがありますが，信者を勧誘する方法やマインドコントロールの手法には，共通の特徴があります。

　勧誘の方法としては，宗教団体という正体を隠して友人関係をつくり，徐々に宗教活動に引き込んでいく方法がよく用いられます。表向きは，哲学について考えるサークルや，運動系のサークルといった偽装サークルとして勧誘し，人間関係をつくって，離れにくくしてから，徐々に宗教活動に引き込むのです。大学の取り締まりを

逃れるために，サークル名が頻繁に変わっていたり，サークルの歴史を聞いてもはっきりしなかったり，学生団体にしては活動資金が豊富でキャンパス外に活動拠点をもっているというようなことがあれば，そのサークルは破壊的カルトの可能性があるので，要注意です。もしおかしいと思ったら，加入をはっきり断りましょう。

　カルト団体がその信者を**マインドコントロール**する際には，団体以外の人間関係を切らせて，信者の批判能力や自主性を奪うという方法が多く用いられます。信者以外を「敵」とすることで，家族やクラスなどのほかのつながりから離れさせ，深入りするほど，金銭だけでなく，人生のすべてをその団体に捧げる形になっていくよう仕向けます。ひとたび入信してしまうと，本人の力では，また家族などの周囲の力でも，抜け出すこと，抜け出させることは非常に難しくなります。

　そのため，深く入り込む前に，カルト団体であることを見抜いて，極力近寄らないことが肝要です。まっとうな宗教サークルであれば，サークルの本来の活動内容を伏せたりはしません。勧誘を断ることが難しいと感じることもあるかもしれません。勧誘する側は優しく接してくれるものです。人に優しく接してもらうと，きっぱりと断ることが難しくなります。これは，よくしてもらった相手に，「お返しをしなくては申し訳ない」という気持ちになる**返報性の原理**を悪用した勧誘の常套テクニックです。多くの場合，当初は乗り気でなかったのに，勧誘を断り切れずに，ずるずると深入りしてしまうというパターンをたどります（コラム⑤も参照）。

　カルトの信者以外の人間関係を遠ざけてしまうことも危険です。何か気になることがあれば，必ずほかの人に相談してみてください。友人や家族に相談しにくいと感じたら，学生部や学生課などの事務窓口や，学生相談室に相談してみましょう。相談窓口は，その大学

表 3-2 若者が被害に遭いやすい悪質商法

種類	内容
マルチ商法，ネットワークビジネス	会員になって商品を販売すると紹介料がもらえるというもの。投資情報が入った USB メモリなどの情報商材を商品とする手法もある。友人から誘われるケースが多い。
アポイントメントセールス	販売の目的を隠して，店舗などに呼び出して契約をさせる。SNS などで友達を装って勧誘してくることもある。
架空請求	根拠のない支払い要求を SMS やメールで送ってくる。アダルトサイトなどでのワンクリック請求もある。
インターネット広告などをきっかけとしたトラブル	SNS やネット上の広告につられて商品を購入したり，サービスを利用しようとする際に，本来の目的と異なる契約をさせられる。

で行われているカルトの勧誘についての情報をもっていることも多くあります。

3-2. 消費者トラブル

　みなさんのなかには，「ウェブコンテンツの未払い利用料金がある。すぐに支払わないと訴訟を起こす」というような SMS やメールが届いてびっくりしたことがある人もいるかもしれません。あるいはアダルトサイトを閲覧していて，画面をクリックした途端に「登録完了」と表示され，高額な料金を請求されたことがある人もいるかもしれません。

　売買や契約の経験が乏しい大学生は，**悪質商法**のターゲットとなりやすく，被害を防ぐために，その種類や具体的手口などについて，よく知っておくことが重要です。**表 3-2** に若者が被害に遭いやすい主な悪質商法を挙げましたが，みなさんもこのなかのいくつかは耳にしたり，あるいは実際に勧誘された経験があるのではないでしょうか？

だましのテクニック

　カルト団体や悪質業者が用いる手法として，説得的コミュニケーションに関する心理学的原理が悪用されることが多くあります。本コラムではそのうちの代表的な心理学的原理を紹介します。

● 返報性の原理

　他者から何らかの施しを受けた場合に，お返しをしなければならないという感情が生じることを指します。

　高額商品を勧められて断った後に，低額商品を勧められると客は断りにくくなる心理が生じます。高額商品を売ることを諦めたという相手の譲歩（＝施し）に対して，こちらも譲歩しなければという心理が働くためです。カルトの勧誘でも，非常に親切に接してくれる勧誘者に対して，入信を断ることが難しくなるという返報性の原理が作用します。

● 精緻化見込みモデル

　疲労やストレスがある状況下では，論理的に熟慮しようとする傾向が低くなり，感情に訴えかけるような周辺的手がかりをもとに直感的に物事を判断しようとする傾向が高まります。

　カルトの勧誘においては，過密スケジュールや身体的疲労を生む修行体験などで，熟慮しにくい状態をつくり出すことが多くあります。オレオレ詐欺の加害者は，関係者を装い「トラブルに巻き込まれた！」と急に泣きつくことで，ストレスを与えて熟考させずに，直感的に行動するように仕向けます。

● フット・イン・ザ・ドア（段階化）・テクニック

　承諾しやすい要求を受け入れた後には，いきなりは受け入れにくかった大きな要求も受け入れやすくなってしまう傾向があります。

　たとえば，勧誘の際に「話だけでも聴いてもらえませんか？」という要求を受け入れると，やや受け入れにくい次の要求を断りにくくなり，最終的には大きな要求を受け入れてしまうということになります。

　最近では,勧誘や架空請求の手段として,SNSやメールが用いられるようになってきています。「必ずもうかる」といったうまい話には裏があります。もし完璧なもうけ方があるのであれば,その方法を他者に教えずにその人が独占して実践すればよいのに,わざわざ,もうけ方のUSBメモリを販売するのはなぜでしょう。そもそもが,必ずもうかるという投資はありえません。また,架空請求の方法は,強い脅しで動揺させて,冷静な判断ができるようになる前に支払わせるというものです。慌てて電話やメールを返さずに,まずは信頼できる人に相談をしてみましょう。各自治体に設置されている消費生活センターや,消費者ホットライン（局番なしの188）に電話してみるのもよいでしょう。

　マルチ商法やネットワークビジネスは,友人・知人を勧誘する仕組みになっています。友人を悪質商法の被害に巻き込むことで,大切な友人関係を破壊し,自らも加害者側になってしまう可能性があります。

　2022年4月からは,成年年齢が引き下げられ,満18歳で成人となった者が契約の主体となります。保護者の同意を得ずに締結した契約の取消についても,18歳未満までに引き下げられます。そのため,「保護者の同意」によって守られていた20歳未満の若者が,悪質業者の新たなターゲットになることが危惧されています。社会の一員として自ら主体的に判断できる自立した消費者となるために,

物事を鵜呑みにせず，社会に関心を向け，批判的思考力を磨くよう心がけましょう。鵜呑みにしないためにも，他者に相談することは大変有効な手段になります。

ここでいいたいこと！

- だましのテクニックについて知っておき，怪しい勧誘を見抜く力を養おう。
- カルト団体や悪質業者は，社会経験の乏しい学生を狙っている。心配なことがあれば，信頼できる人に相談をしてみよう。

● ● ● ● ● ● ● ● こころ の 柔らか ワーク ● ● ● ● ● ● ● ●

DESC 法を実践してみよう

みなさんの学生生活のなかで，ヒロシのように断ることが難しかったことを思い出して，DESC 法に基づいて「断るセリフづくり」をしてみましょう。
- 授業のノートを貸してほしいと頼まれて嫌だったこと
- 友人から飲み会に誘われたけど，金欠だし本当は行きたくなかったこと
- サークル活動で仕事を振られたけど，時間的な余裕がなかったこと　etc.

ステップ	セリフ案
describe（描写する）	
explain（説明する）	
specify（特定する）	
choose（選択する）	

📘 ブックガイド

● **今野晴貴 2016.『ブラックバイト――学生が危ない』岩波書店**

　社会問題化している「ブラックバイト」について，その実態とブラックバイトが生まれる背景についてまとめられています。アルバイトでのトラブル予防のために，また，実際にトラブルに遭った場合の具体的な対策を知るという意味でも，お勧めの1冊です。

● **平木典子 2012.『アサーション入門――自分も相手も大切にする自己表現法』講談社**

　アサーション・トレーニングの第一人者によるわかりやすい入門書。「自分も相手も大切にする自己表現」の方法とその理念を知っておくと，学生生活はもとより，その後の社会生活でもとても役に立つはずです。

● **大畑昇・櫻井義秀編著 2012.『大学のカルト対策』北海道大学出版会**

　カルトの被害に遭わないためには，「敵を知る」ことが重要です。本書では，カルトに関わる基本的な事項の解説，大学における支援上の課題，法的措置等について具体的な提言も含めて紹介されています。

● **たもさん 2017.『カルト宗教信じてました。』彩図社**

　母親により入信させられた二世信者である著者が，教義に疑問を抱いて宗教から抜ける体験について，マンガでわかりやすく伝えています。カルトについての知識を得られるだけでなく，二世信者の苦労についても知ることができる良書です。

友人関係とストレス

1. 親友って何だろう？

エピソード

友達グループを気にするマドカ

元気がない様子で夕方に1年生のマドカが講義室にひとり佇んでいたので声をかけたところ，すぐに涙ぐみ始めた。「思ったよりも女の子が多くて安心していたけれど，授業にちょっと苦労したので，まずは勉強しなくちゃと思って……」，しかし気がついたら「いつの間にかグループができあがっていて，どこにも入れないままになってしまったんです」とのこと。それとなくグループに近づいてみるのだけれど，学生たちはお互いにちらっと目配せしたうえでわずかに姿勢をずらせて自分が話しかけにくい雰囲気をつくられてしまうのだそうで，「自分が気にしすぎなのかもしれないですけど，そこに割って入る勇気はもてなくて」。結局は少し離れた席に座ることになってしまう。

「居心地はよくないけれど，つまらなそうな顔をしていると余計に友達がいないことが見え見えになってしまうと思って……，いつも無理して楽しそうに振る舞ってきた。でももう限界みたい，大学ってこんな場所なのかな，いっそ大学をやめてしまいたいような気持ちです」と涙をこぼしながら語ってくれた。教職員の立場からは「せっかく学ぶ意志をもってこの大学に入ったのだから，じっくり行こうよ」とか「クラスにこだわらずにサークルに入ったらきっと新たな仲間をつくれるよ」といってみるのだが，いまのマドカさんの気持ちにはそぐわないようで，一緒に途方に暮れている。

1-1. 友達になるきっかけ

新たに大学に入学したみなさんにとって最大の関心事の1つは，マドカが切望したように「気の合う**友達**ができますように」ということかと思います。夢や希望を語りあい，学習面でも助けあえ，時には楽しく遊びに出かける素敵な仲間の存在が，彩りのある学生生

活の土台となります。

　では，学生のみなさんはいつどのようにして友達をつくっているのでしょうか。同じ高校から多数の人が進学してくる場合にはどうしても当初は固まりがちになるでしょうし，一方，入学以前からの知り合いがほとんどいない場合にはすでに固まっているようにみえる集団に気圧されていっそう孤独を感じがちです。情報化の時代ですから，SNSで「〇〇大学に合格した人は集まれー！」と呼びかけて入学前から交流が始まっている場合もあると聞きます。それはそれで素晴らしいことですが，先んじて仲良くなっているグループは得てしてその仲間関係を維持したい，自分がそこから外れたくないと思う傾向があり，新たな仲間を引き込む動きが薄い場合があります。ぜひとも「よかったらこっちへおいでよ！」と声を掛けあってほしいと思います。

　かつて教育社会心理学の分野では**ソシオメトリー**といわれる友人関係の調査がよく行われていました。たとえば「あなたはクラスの誰と同じ班になりたいと思いますか」といったシンプルな質問を児童・生徒に投げかけ，実際の個人名とともにその理由を記してもらうというものでした（生徒・児童への心理的負担が大きすぎるという批判もあり，現在はあまり実施されなくなっています）。そのような研究の一環として「友人関係成立のきっかけ」を幼稚園から大学生・成人に至るまで横断的調査を行って，グラフに描いたものが図4-1になります（田中，1975）。少々古いデータになりますが，幼稚園から小学校に入るころまで多くみられるのが**近接**（相互的接近）と称されるもので「家が近所」とか「教室の席が隣だった」からというものです。それがやがて小学3年生あたりで**同情愛着**として「気が合う」「一緒にいて楽しい」となり，中学2年生のころからは**尊敬共鳴**という「お互いを認めあっているから」というニュアンスに

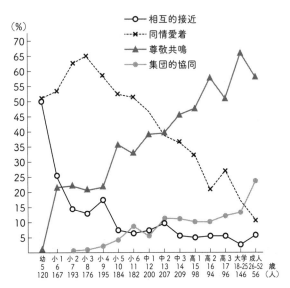

図 4-1　友人関係成立の契機の横断的調査

（注）　男女計 2323 人。
（出典）　田中（1975）より作成。

なっていきます。そして成人してからは職場などでの**集団的協同**となって「仕事仲間が友達にも」という状況に移行します。おそらく現代でもこのような発達的変化を示すことが想定されますが，実は大学入学に際しても同じようなプロセスをぐっと凝縮した形で体験するといってよいだろうと考えられます。

　実際にみなさんも最初にできた友達は「近接」，すなわち「クラスオリエンテーションで隣合わせになった人」だったり「寮や下宿の隣人」だったりするのではないでしょうか。その関係性を最初の拠点として徐々に講義やゼミ・実習，あるいはサークル活動が進展するに従って「一緒にいると落ち着く」とか「話が合う」となり，

やがて「彼はきちんと意見をいえる」とか「彼女の感性には惹きつけられる」とより人柄に立脚した理由に進展していくように思います。まずは会話が始まらなくては親しくなりようがないですから，カウンセラーの立場からオリエンテーションを担当する際には「隣席は友達の始まり！」と称してとにかく話しかけてみることを強く勧めています。最近では初年次教育の重要性が強調され，また参加型教育（**アクティブ・ラーニング**）の一環として種々のグループワークが導入されるようになっていますので，友達づくりの最初の一歩は踏み出しやすくなっているのではないかと思います。

　筆者ら大学教職員は「集団的協同」の延長線で「仕事仲間が食事仲間・飲み仲間」と限定されがちですから（会社員や公務員になった方々も同様の傾向といってよいかと思います），「学生時代に将来にわたって交流できる友達を見つけておきなさいね」とつい老婆心ながらにみなさんに語りかけることが多くなります。

1-2. 友人関係の深まり

　さて，ひとたび親しくなったならば，友人関係はどのように維持・発展していくのでしょうか。青年期にある同世代集団の様相を検討する際には，臨床心理学におけるグループワークの知見が参考になります。学生相談室では個別相談に加えて，さまざまなセミナーやグループ活動を提供していますが，そのなかの1つとして**エンカウンター・グループ**という自由に語りあう企画が実施されることがあります。特にテーマを定めずに参加者同士でじっくりと語りあうなかから自分を知り，相互理解を深めていくプログラムなのですが，そのなかで学生間の仲間関係の様相は3つのモードを行き来しながら深まっていくことが報告されています（保坂・岡村，1984）。すなわち，発達心理学的な見地を加味して，下記の3種が設定され

ます。

- **ギャング・グループ**（同一行動による一体感が重んじられる関係）：同じ遊びを一緒にする仲間であり，児童期後半から現れる親からの自立のために拠り所となる徒党集団
- **チャム・グループ**（お互いの共通点や類似性を言葉で確かめあう関係）：同じ興味・関心やクラブ活動などを通じて結ばれた思春期にみられる集団
- **ピア・グループ**（異質性を認めあい，自立した個人として互いを尊重する関係）：互いの異質性をぶつけあうことによって，互いの価値観や理想・将来の生き方などを語りあう青年期に生じてくる集団

　大学生であってもギャング・グループ的な関係➡チャム・グループ的な関係➡ピア・グループ的な関係の順に推移すると想定しています。たとえば，新入生歓迎行事では，一緒にオリエンテーション合宿やスポーツ大会などの同一行動によって親しみを醸成し，さらには自己紹介ゲームのようなものから趣味や出身地，好きなアイドルなどについて自由に話しあうことでいっそう仲良くなっていきます。やがてふとした折に，将来の進路に関する夢や不安，自分の家族や生い立ちに関する悩み，そして大切にしたい価値観や生き方もお互いに表現したくなるときが訪れるのではと思います。そうすれば，まさに「親友どうし」という感覚に近づいていくでしょう。
　ただ，現代の友人関係はチャム・グループ的なあり方が優勢で，なかなかピア・グループ的な関係に深まっていかない傾向にあるようです。一方で，いつもピア・グループ的な関係ばかりで生真面目に語りあっていると，時に息苦しくなったり窮屈に感じるときもあ

エンカウンター・グループの発展段階と静かなる革命

　本章で参照したエンカウンター・グループは，カウンセリングの基本姿勢を確立したC. ロジャーズの実践によって広まりました。ロジャーズは来談者中心療法の創始者として，セラピストとクライエントは平等の関係にあり，クライエントが本来備えている成長志向や自己実現傾向を重視して，十全に機能する人間になるよう援助することを説いています。その際には，いわゆるセラピストの3条件，「自己一致」（純粋性；あるがままの自分でいること，邪気のないこと），「無条件の肯定的配慮」（相手のありのままのあり方を肯定し尊重すること），「共感的理解」（相手の気持ちを相手が感じているように汲み取り，分かちあうこと），これらが備わったときに，クライエントは本来伸びていくべき方向へ成長していくとします。

　やがて彼はエンカウンター・グループやコミュニティづくりへと歩を進め，いわゆるパーソン・センタード・アプローチ（PCA）を提唱します。基本的な構えは個人カウンセリングと同様で，誰もが自分らしいあり方で相互尊重に満ちた交流を続けていけば，必ずや個人は成長し，組織や社会は成熟した望ましいあり方に変容していくと考えました。それは声高に叫んだり武器を手にしたりする必要のない社会変革であり，あたかも「静かなる革命」と称されるものであると位置づけます。ただ，この道のりは決して平坦なものではなく，ロジャーズは（異文化間さらには国際紛争の当事者をも対象にして）エンカウンター・グループを繰り返し実施するなかで，模索／抵抗／述懐／否定的感情／探求／その場の対人感情／治癒力／自己受容／仮面剝奪／フィードバック／対決／グループ外での援助／基本的出会い／肯定的感情と親密さ，と進んでいくと記しています。これらの課題を順次超えていくためには，各メンバーの自己責任に基づいた積極的な関わりが不可欠で，お互いの真実を深いレベルで見つめ，認めあっていくことが求められます。

るでしょうから，そんなときにはお互いに和やかに笑いあえるようなユーモラスな会話とか，あるいはカラオケ合戦でジェスチャーつきで歌ってみるとか，チャム・グループまたはギャング・グループの様相をうまく混ぜ込んでいくと友人関係がより豊かなものになっていくのではと思います。要はその時々の状況やメンバーの気分に沿って，柔軟に関係性のモードを切り替えていけることが重要かつ有効なのだといえるでしょう。一時期「ＫＹ」（空気を読めない）という言葉が流布しましたが，いつも「空気を読む」あるいは「行間を読む」ことばかりに気を取られていると疲れてしまいますから，まずは自分の語りたいこと・やりたいことを表明すること，そして相手やメンバーの希望や期待に耳を傾けてみること，双方を出しあうなかからその時々に適したモードが自然と生まれてくるのではないかと思います。

 こでいいたいこと！

● 友人関係のきっかけは物理的・地理的な「近接」から徐々に「同情愛着」「尊敬共鳴」という心情的・理知的な側面が強くなる。

● 交流の質も同一行動や共通の話題という同質性の共有からお互いの異質性の尊重へと移行していく。複数の契機・諸相を大切に多様な仲間関係を形成していきたい。

2. こころの窓を開く

エピソード
友達関係が深まらないことに苛立つマドカ

　徐々に友達もできて，日々の学生生活が楽しくなってきたマドカで

したが，あるとき，ふと「サークルの人たちのうわさ話とか誰と誰がくっついたみたいな話ばかりじゃなくて，いまの社会状況をもとに自分たちの進路や専門分野のことも話してみたいなあ」という思いが湧いてきた。でも『なにマジメさんになってるの？』とかいわれそう」とためらいが生じ，また「仲間はずれみたいになっちゃうのも怖い……」とやっぱり少しムリした作り笑顔で日々を過ごしている様子。「深い話は相談室とか限られた場所でしかできないものなのでしょうか？」という問いかけに，カウンセラーも「そんなことはないですよ，きっとやがては……」といってあげたいのだけれど，いまの学生たちの状況を思うと安易なことはいえない気がしてくるのだった。

- -

2−1. こころの 4 つの窓

　自己理解に有用な古典的知見としてしばしば紹介されるものに「こころの 4 つの窓」（**ジョハリの窓**）と呼ばれるものがあります。これはヨコ軸に「自分が知っているか・否か」を，タテ軸に「他人に知られているか・否か」をとって，計 4 つの象限に分けて，自分の現在の姿を理解するのに役立てるものです（図 4−2a）。

(1) **開放した領域**（自分がよく知っていて他人にも知られている領域）

　自己認識と他者認識が一致しているわけですから，自分らしく自由に行動できる領域ということになります。できればここが広いほうがよいですね。この領域を中心にコミュニケーションが進んでいきます。

(2) **気がつかない領域**（他人からはみられ知られているが，自分ではまだ知らない領域）

　たとえば，どうみても不機嫌そうでイライラしている様子に，友達が「おい，何怒ってるんだよ？」と尋ねると「何を急に，私は冷

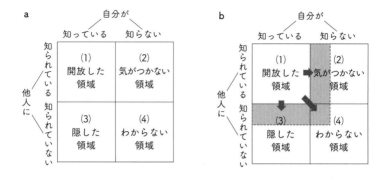

図4−2　こころの4つの窓
（出典）　抑田（1976）より作成。

静ですよ！」と怒鳴るように返事するといった現象が時にみられます。同じように悲しみや喜びも知らずに溢れ出ていることがあるかもしれませんね。自分では気がつかず，コントロールできない部分はどうしても存在します。

(3) **隠した領域**（自分自身はよく知っているが，他人には意識的に隠している領域）

　自分の嫌な側面や弱い部分を隠そうとして他者には気づかれないように振る舞うことも時にあるでしょう。「単位を落とした」「彼女に振られた」などの痛みを伴うことをすべてオープンにする必要はもちろんないのですが，時に自分の言動を不自由なものにする場合がないとはいえません。あるいは「自慢話になりそう」「冷やかされたら恥ずかしい」との思いから自分のある部分を隠そうとする場合もあるかもしれません。

⑷ **わからない領域**（自分も知らないし他人にも知られていない領域）

　自分も他人も気づかない・知らない領域ならば，存在しないのでは？　と思われるでしょうか。しかし実際には，1人の人間はとても広く深く多様な側面を有していて，あらゆる可能性を秘めている存在ですから，これからやがて明らかになる部分は必ずあるのだと考えていただいてよいかと思います。

　さて，ではどうすれば「⑴ 開放した領域」を広げていくことができるでしょうか。図4-2bのように，⑴の領域が⑵〜⑷それぞれに向かってベクトルを進めていき，しだいに⑴の面積が右にも下にも右下にも拡大していくことをイメージしていただければと思います。マドカが思ったように「社会状況」や「自分たちの進路や専門分野」，さらには「限られた場所でしかできないような深い話」に広げていくことになるでしょう。

　「⑵ 気がつかない領域」へと向かっていくためには，自分の感情状態や思考，そして身体の変化に目を向けてみようとするとよいかと思います。そのためにも，あなたが信頼できる友達から柔らかい言葉で指摘・助言をしてもらうことが有効になります。「ええと，どうしたの？　なんかいつもと違くない？」「どうも落ち着かない様子だけど何かあったかい？」といったお互いを気遣い，異質性に開かれていくピア・グループ的な関係が，徐々に自己理解を広げていく一助になります。

　次いで「⑶ 隠した領域」の方向へ広げていくためにですが，これは何よりも「わざわざ隠すほどのことなのかな？」と自問自答してみることでしょう。そのためには「これも自分の持ち味だもの」「こういう自分で生きてきたんだから」と**自己受容**を進めていく必要があります。このプロセスを後押ししてくれるのも，やはり信頼

できる友達だろうと思います。「彼（彼女）になら話せる」「きっと真剣に聴いてくれる」という信頼感が**自己開示**につながっていき，ようやく語れたその内容を友達が受け止めてくれたときに「話せてよかった」「この自分のままでもいいのかも」と思えるようになります。ここでもまさにピア・グループ的な関係性が重要になってきます。

　そして「(4) わからない領域」に対してですが，これは新しい活動に踏み出していくことで見つかってくるものだろうと思います。授業や実習などの正課科目で当初は気が進まなかったのに，学んでみると意外と面白くて点数もよかったということもあるでしょう。あるいは少し勇気を出してボランティア活動に参加してみたら，苦手と思っていた子どもたちとの会話が弾んで楽しく遊べたといった経験を語ってくれた学生もいます。ぜひとも学生時代の「模索期」を十分に活用して，自分の新しい側面を発見していただければと思います。臨床心理学的には夢分析や心理テストがこの領域へのアプローチに当たるといえるでしょう。

2-2. ひとづきあいにはスキルがある

　学生どうしが知りあって，やがて仲良くなって友達に。一緒に遊んだりおしゃべりしたり，気がつけば真剣な相談ごともできるようになっていく。そんなストーリーがみなさんにも，たくさん芽生えていくことを願います。では，みなさんと友達はどのような交流を行っているのでしょうか。

　ギャング・グループでは同じようにからだを動かし同調してみようとする，その際には難しい話はちょっと控えて。

　チャム・グループでは盛り上がりそうな話題を調べたり，ユーモラスな語り口をちょっと練習してみたり，ということになるでしょ

うか。その際のいちばんのモデルは，身近な友達になるのではと思います。「高校時代の旧友の話はなんであんなに面白かったのかな，ちょっと真似てみよう」といったことはおおいにあってよいと思いますし，テレビやラジオに出演している有名人や芸人の語り口もしばしば貴重な参考材料になります（モノマネ自体が受けやすいネタということもあります）。「友達関係にスキルが必要だなんて」「気が合うとか真心でとかじゃダメなの？」と思われるかもしれませんが，やっぱりある程度は習得しておいたほうが過ごしやすくなるだろうと思います。

次項とも関連しますが，アメリカの研究では「男性の**恋愛スキル**のチェックリスト」（Barlow et al.1977）が紹介されており，「男性が会話を始める」「適切な大きさの声で」という基本に始まり，「関心を抱いていることを示し，開かれた質問をする」「女性の表明に応じて表情を変化させる」という核心まで，当たり前のようでいて実践できていない側面が記されています（なかには「30秒につき最低5秒は女性の目をみる」とあり思わず「ストップウオッチで測ったのか⁉」とツッコミを入れたくなるものもありますが）。結局，重要なのは相手を思いやること，そして礼儀や作法・マナーといったものとも結びつくことなのだろうと思います。

2−3. 雑談のコツ

さて，しばしば，学生相談室には「**雑談**が苦手で……」という学生が相談に来ます。そこで，本項ではカウンセラーの立場から「こんなふうにしてみてはいかがでしょう」と提案してきた事項をいくつか紹介していきます。表4−1に筆者なりに列記してみましたが，これをみて「こんなに気をつけることがあるのか……」と嘆息してはいけません。決め台詞は「だって雑談だもの！」，いかに自由に

表 4-1　雑談のコツ

「構え」: ざっくばらんでいいんです!

- ・肩のチカラを抜く……穏やかに, 和やかに, 軽やかに, 開かれた姿勢で
- ・意味を求めない……だって (所詮) 雑談だもの! ウケなくてもよい
- ・結論を求めない……役に立たなくてもよい, どんどん話を流してOK
- ・一緒に居てうれしいかも感……それなりに親しみを, ムリのない笑顔で
- ・ポジションを気にしない……目立たなくてもよい, 上下はない
- ・条件反射に任せてみる……しゃべりたくなったら, 話が浮かんできたら

「共通の話題」: 実はなんだっていいんです!

- ・普遍ネタ……あいさつ, お天気, 季節感, 目前ネタ (犬・花)
- ・世間ネタ……スポーツ (野球, サッカー, 五輪など), 時事／社会状況
- ・世代ネタ……音楽 (ヒット曲, カラオケなど), アイドル, 流行, アニメ
- ・大学ネタ……履修の仕方, 提出物, 学校祭／行事, テスト／レポートなど
- ・知り合いネタ……共通の知人／先生などの近況, 他者へのコメント
- ・お互いネタ……服装／髪型／ファッションなど表情／ごきげん, 近況
- ・鉄板ネタ／定番ネタ……その交友関係やグループに固有の話題

「対話・交流のコツ」: 大ざっぱでいいんです!

- ・まずは受け入れる……頷く, 合いの手, 適度に関心示す, 親しみの情感
- ・同調してみる……同じような仕草, 声を揃えて反応, さらに話を聞きたがる
- ・近い話題を話してみる……類似の体験, 相乗りOK, おまけの情報
- ・次の話題を出してみる……少し間が空いた時機に, 引き出し, 面白がる
- ・あまり話していない仲間に振ってみる……場が長持ち, 相互に尊重・感謝

楽しめるかですので, 各項目は軽いヒントの1つくらいに考えてください。

　雑談を苦手と感じる人は得てして生真面目で (こんなこと話して何になる? と考えてしまうなど), 他者の様子を過剰に気にしてしまう傾向 (自分なんかと話してもつまらないだろうなど) があるかと思います。まずはその場にいること (いられること) が大切ですし, 会話スキルは学習と経験によって身につくものですから, 「構え」としては気さくに気楽に気張らずに, ささやかな勇気をもって仲間

（となりうる方々）と話してみましょう。

　「共通の話題」についても，いざとなると「何を話したらいいか
わからなくなる」という学生が多いのですが，誰かが何かを話し始
めればそれがそのまま「共通の話題」になっていくものですから，
「それが（共通の話題を切り出すのが）時に自分であってもいいのだ」
くらいのスタンスで臨んでみましょう。

　「対話・交流のコツ」については，いかに同じ輪のなかにいる者
同士という感覚をもてるか，要は，話題は移り変わっていくけれど
「2人ともこの会話に参加しているよね！」とお互いに思えるよう
な応答を繰り返していけばOKということになります。そのなかで
徐々に「おおっ！」とか「やったね！」とか「なるほどー」「そう
だったんだ！」といった情感をこめた相槌を打つことができるよう
になれば，十分に雑談上手への道が開かれていくことと思います。

 こでいいたいこと！

- こころの4つの窓を参考に，自己理解を深め，自身の可能性
  を拓いていくためにも友人関係は重要である。
- 人間関係にはスキルが必要であり，身につけていくためには一
  定の知識と経験が必要となる。気張らずに楽しく雑談の輪のな
  かに加わっていこう。

3. 友達以上・恋人未満

エピソード

友達みたいじゃいけないのと惑うマドカ

　同性の友達と時に賑やかに，時にしんみりと会話を重ねながら学生
生活を順調に進めてきたマドカにもとうとう交際する相手ができた。同

じサークルに属する同級生の彼は，少し頼りない気もするけど常に優しく気遣ってくれるので，居心地のよい関係だと感じている。そんな折，夏の合宿を経て男女が気兼ねなく話したり笑いあったりする機会が増えてくると，彼が突然「ほかの男子とこれ見よがしに仲良く話したりするのはやめてほしい。できるだけ僕の側にいてくれなくちゃ！」とサークル活動を制限するようなことをいいだした。「そう，うん，わかった……」と応えつつも，マドカは内心では「別にいいじゃない……。みんなで仲良くすれば……」とちょっと腑に落ちない気分でモヤモヤしていた。

3−1. 人間関係にはタイプがある

　みなさんは，すでに異性の友人あるいは彼氏・彼女と呼べるような存在がいるでしょうか。キャンパス内外をいつも2人で闊歩しているカップルもいるかもしれませんが，みなさんの大半は素敵な出会いを心のどこかで期待しつつ学生生活を送っている最中かと思います。

　いつの世も恋愛は青年期の最も主要なテーマの1つであり，ドラマでも映画でも実に多様な恋模様が描かれます。登場人物それぞれの心の揺れ動きは心理学的にも興味深いものですが，ここではリー（Lee, 1977）による古典的な**恋愛の6類型**について紹介しておきたいと思います（**図4-3**；この図は色相環における原色と補色の関係に対応しており「恋愛の色彩理論」とも呼ばれます）。それぞれ聴き慣れない名称ですが，なかなかリアルに異性関係の本質を説明しています。

・**エロス**（情熱的な愛）：恋人の美しい姿に強烈な反応を示し，相手を称え，恋愛を至上のものと考える。
・**マニア**（熱狂的な愛）：独占欲が強く，激しい熱情を抱く恋愛であ

る。嫉妬深く，何度でも相手の気持ちを確かめたがる。

・**ルダス**（遊びの愛）：恋愛をゲームとして楽しむことが第一と考える。時に複数の相手と交際し，嫉妬や独占欲をあまり示さない。

・**プラグマ**（実利的な愛）：将来性や経済的安定，社会的地位など実利的な側面から恋愛相手を選ぼうとする。

・**ストーゲイ**（友愛的な愛）：穏やかで友情的な恋愛であり，仲間意識の延長線上にあるので安心していられる関係となる。

・**アガペ**（愛他的な愛）：何よりも相手のことを優先し，見返りを求めず，自己犠牲も厭わない愛である。

　この類型をもとに考えると，みなさんの恋愛はどのタイプに属するでしょうか。マドカの場合にはストーゲイ（友愛的な愛），彼氏はマニア（熱狂的な愛）とひとまず考えることができます。

　さて，恋愛のタイプにはかなりの時代差・世代差が存在するようです。映画ではエロスがまさに絵になりそうですし，ルダスの遊び人的なあり方もいかにもドラマに出てきそうです。また安定した結婚生活を意識するならプラグマの傾向を帯びるでしょうか。リーをはじめ各研究者はマニアが最も多いことを指摘しており，これは筆者たちの世代の感覚でも首肯できるところです（松井，1993など）。

　しかしながら時代とともにいつしか「友達カップル」が日常的になり，狂おしいほどに身悶えするような恋愛を体験する学生は少なくなっているように思います。実際，毎年の授業で受講学生に恋愛のタイプについて尋ねると過半数がストーゲイだと答えるようになっています。この傾向については，ある大学の研究者が2000年代前半の純愛ブームの影響が大きかったのではないかという指摘を行っています（大石・大石，2005）。たしかに，テレビドラマやコミックス誌でもドロドロした感情が渦巻く異性関係は影を潜め，爽やか

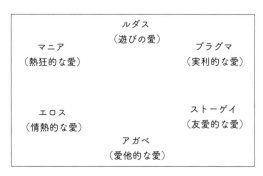

```
                    ルダス
                  （遊びの愛）
      マニア                        プラグマ
    （熱狂的な愛）                   （実利的な愛）


      エロス                        ストーゲイ
    （情熱的な愛）                   （友愛的な愛）
                    アガペ
                  （愛他的な愛）
```

図 4−3　リーによる恋愛関係の類型

（出典）　Lee（1977）より作成。

でほのぼのとしたカップルが求められている印象があります。

　青年期における理想の異性像を反映している芸能界のアイドルも，多人数でそれぞれの「キャラが立った」（＝ぶつかりあわない）仲良しグループが増え，仲間を放っておいてでも恋愛に走るような雰囲気はあまり感じられません。穏やかで安心できる関係はもちろん素晴らしいことですが，一方で，お互いの個性や価値観，すなわち異質性をみつめ，尊重しあう関係性にまで深まりにくいという現代の風潮と結びついている可能性があるのかもしれません。

　とはいいつつ，ストーゲイ（友愛的な愛）でしばらく続いたカップルもやがてはマニア的な嫉妬心に苛まされる事態になるかもしれませんし，特に双方の思いにアンバランスが生じた際には相手を思う気持ちが強いほうが狂おしい気持ちになったり，相手に過大な期待を抱いては不満や裏切られた感を抱いたりということはしばしば来談学生から耳にします。お互いを大切に思ってきたその歩みを見つめながら，よりよい関係性を築いていってほしいと願っています。なお，図 4−3 では色相環になぞらえて，向かい合わせにあるタイ

プはお互いに相容れなかったり（たとえば遊びの恋〔ルダス〕と愛他的な愛〔アガペ〕），各タイプの混ざりあったもの（混色）も現実には存在すると想定されます。類型論は物事の本質に迫りやすい一方で，少数の型にはめこもうとして中間型や移行型といった異なる型に気が回らなくなる場合があるので気をつけましょう。

3-2. 人間関係にはプロセスがある

さて，異性関係が友人関係の延長線上にあるとすれば，そのきっかけやプロセスが気になるところです。かつて動物行動学者のモリス（1980）は，あらゆる人種・民族に共通する**恋愛進展のプロセス**があると提唱しました。まず"1. eye to body"で相手の存在が気になり出し，やがて"2. eye to eye"となり時に目が合うようになって，"3. voice to voice"の対話が始まります。そして距離が縮まると"4. hand to hand"つまり手をつなぐ。ここに至るまではたくさんのためらいとときめきが2人の間を行き来しますね。さらには"5. arm to shoulder"と腕が肩に，"6. arm to waist"で腕を腰に，と進んでいきます。4〜6の一連のプロセスでは身体接触を許容しつつ，2人並んで同じ世界を眺めているという構図になります。そのうえで"7. mouth to mouth"の段階に至り，これは注釈は必要ありませんね。"8. hand to head"は手を頭にですが，ここは文化差がありそうな気がします。日本の学生たちのなかには男女が混ざったグループで「おいおい！」と軽く頭を突いたり，「いい子いい子」と撫ぜたりしている光景を目にすることもあります。そしてより密着してお互いに向かいあう"9. hand to body""10. mouth to ……"，すなわち閉じられた安全な空間でのみ可能な段階へと進んでいきます（計12段階）。

プロセスを1つずつ進んでいくために，男子も女子も実にさまざ

まな感情と心の揺れ動きを体験することになります。ためらいつつ,勇気を出して,そして相手の気持ちを慮りながら。一定時間をかけてプロセスを1つ進めるたびに,青年の人間性に繊細さと深みをもたらせてくれるのだと思います。

　なかには「好みのタイプだったし,気が合ったので一気に深い関係になりました」というカップルもいるかもしれません。そのような出会いとつきあいを必ずしも否定するつもりはないのですが,"easy come, easy go"とのことわざもあるように,先を急いだ関係はそれ以前に踏むべきであったプロセスを経験し直すために後々に相応の苦労が生じる場合はしばしばみられるように思います。

　一方,心理学的な調査に基づいて日本の青年の恋愛行動の進展に関するモデルを提示した研究（松井, 1990）では,会話・行動・性的行動・けんかの各領域を見渡しつつ,5つの段階を設定しています。ここで興味深いのは「けんか」（第2段階＝口げんか,第3段階＝別れたいと思った）という領域が設けられていることです。異性関係はそれだけ気持ちが揺れ動き,時にすれ違いも生じるということであり,この状況を乗り越えてこそ次の段階に進んでいけるということかと思います。

　ただ第5段階で「殴った・殴られた」という項目が入っていることにも留意しておきたいと思います。現在,親しい異性間での暴力（ドメスティック・バイオレンス；第6章も参照）が問題となっており,女性の約7分の1近く（13.6％）が何らかの暴力被害にあっているというデータもあります（内閣府男女同参画局, 2010）。恋愛の熱情を反映しているものではありますが,いちばん大切な人を深く傷つけてしまうという逆説的な状況が生じないよう,しっかり自分をコントロールしていきたいものです。

　なお,第4段階が「恋人として友人に紹介」という項目のみで成

り立っていることも特徴的です。2人の関係が閉じられたものではなくなり，お互いに公言でき，広く周囲に公認された関係になっていく，いわば社会性を帯びるということでしょうか。「彼女は僕の大事なアモーレです」と宣言して喝采を浴びたサッカー選手のように，堂々と紹介してもらえると女性はとても安心するようです。

　いかがでしょうか，もちろん恋愛にはさまざまなかたちがあってよいのですが，何より，お互いを尊重した関係性になっていくことを願っています。

💬 ここでいいたいこと！

● 異性関係はいくつかのタイプに分けることができ，プロセスも存在する。自分の交流の特徴を把握し，お互いを尊重しあう素敵な関係を築きたい。

・・・・・ **こころの 柔らか ワーク** ・・・・・

会話上手はどんな人

　「会話が上手だなあ」「話がうまいなあ」とあなたが感じる人はどんな人でしょうか。身近な人でも著名人でもかまいませんので，名前をメモしてその特徴を記してみてください（身近な人の場合は「同級生のXくん」などでかまいません）。

・・・・・・・・・・・・・・・・・・・・・・・・・・・・・・・・・・

📖 ブックガイド

● 佐治守夫・飯長喜一郎編 2011.『ロジャーズ クライエント中心療法
　──カウンセリングの核心を学ぶ』〔新版〕〔初版：1983〕有斐閣
　　日本におけるロジャーズ派の第一人者（佐治）とその門下で自らの臨床スタイルを築いていった執筆者が，援助的人間関係の真髄について明解に論述しています（新版では共編者〔飯長〕がロジャーズおよび佐治死去後の発展

について新章を設定)。

●**松井豊 1993.『恋ごころの科学』サイエンス社**

　　異性関係は学術的に考察・著述されることが意外なほど少ないなかで，長く参照され続けている貴重な書籍です。調査や統計的手法など，社会心理学の基礎に触れるよい機会にもなります。

●**斎藤憲司 2002.『ひとと会うことの専門性──なぜ心理臨床を目指すのか』垣内出版**

　　筆者が学生時代の「友人関係やボランティアとカウンセリングは何が違うのか」という課題意識から書き下ろしたもので，相談面接への素朴な疑問に答えていく内容になっています。

第 5 章

親とどうつきあうか

キーワード

親子関係，心理的離乳，心理的距離，心理的ゆれ，

アイデンティティ，アタッチメント，家族のミニ

マム化，ひとり暮らし

1. 親子関係の変化のとき

母親を無視できないマユ

「そんな仕事，無理に決まってるじゃない！ 現実をみなさい！」

「お母さんはバブルの頃の就職で，何にも考えてなかったっていってたくせに，偉そうにいわないで！」

「あのころといまとじゃ全然違うからいってるんじゃない。あんたのことを思えばこそよ！ だいたい，文学部なんて何の役にも立たないところに入っちゃって，いまも夢みたいなことばっかりいって！」

「ひどいっ！ 大学を受けるときだって，お母さんがここがいいっていうから……」

「いまさら何をいっているの！とにかく，知り合いに頼んでみるから，私のいうとおりにして！」

　マユは文学部3年生で，そろそろ就活のための情報収集を始めようかな，という時期。しかし，就職に関して母親がうるさく干渉してくるので悩んでいる。父親はいるのかいないのかわからないような人で，役に立たないとマユも母親も思っている。マユが将来の夢や希望について少しでも話すと，母親は頭ごなしに否定してくる。もともと何でも口を出してくるタイプで，高校や大学を決めるときも母親の意見に引きずられた感がマユにはあるから，就職くらいは自分の意見で決めたい。昔から，面倒くさい母親だと思ってきたが，マユは母親のいうことを無視できない。無視したり断ったりすると，こんな感じで激しく怒り出したり泣いたりするからだ。大学1年のときにつきあっていた彼とも，彼の不満ばかりいう母親のせいで別れたようなものだと思っている。あのときはすごく辛い思いをした。にもかかわらず，いまも就職をめぐって同じことが起きようとしている……。

大半の親子は，トラブルを抱えながらも何とかそれを乗り越えられる力をもっています。それに，親子間のトラブルは子どもが高校生くらいまでに顕在化して，大学生ではすでに冷静な関係にあるかもしれません。

　ただ，子どもをいつまでも強く抱え込もうとする親や，それに反抗することなく満足してしまう若者は以前より増えている印象があります。社会的環境が複雑になって，若者にとって反抗するより従順であるほうがエネルギーを使わず，失敗も少なく，適応的だという状況が日本にあるからかもしれません。逆に，インターネットを含む生活環境や社会情勢の大きな変化から，親世代が想像もつかないような生活を送る若者もいて，そういう状況を理解できない親が不安になって子どもを抱え込もうとすることも増えています。

　親子関係はみなさんが小さな子どもだったときから20年程の歴史がありますから簡単には変えられません。マユのように，人生の選択での大きな壁になることもあります。ここでは少し冷静に自分の親子関係をみつめなおしてみましょう。親との関係に困っているほど，あなたが人として成長できる種（たね），つまり，自立（自律）とは何かという問題を考えるきっかけがそこに見つかるかもしれません。

　「生物学的な親」がいない人たちももちろんたくさんいますから，ここではみなさんを個人的に，責任もって養育してきた重要な人物を親と総称します。

2. 大学生までの／からの親子関係

　そもそも青年期の親子の関係とはどんなものでしょう？　これまでにも，家庭によってずいぶんと違うなあと思うこともあれば，どこも同じだと思うこともあったはずです。ここでは，子どものころ

から大学生までの親子関係を中心に話を進めたいと思います。

2-1. 心理的離乳

　青年期の特徴だと昔から考えられてきた現象があります。それは「親への反抗」と「親からの独立」です。あなたも，第二反抗期とか**心理的離乳**という言葉を聞いたことがあるかもしれません。

　L.S. ホリングワースは心理的離乳を「親からの心理的自立の試み」と定義しました。これには親への反抗や親との葛藤がつきものですが，それを通して親との最適な**心理的距離**を見つけ出して，親とは違う自分，つまり自分なりの価値観，信念，理想などを確立するプロセスです。

　ここで重要なのは「最適な心理的距離」という表現です。心理的距離はもちろん目にはみえませんから，最適な距離とは何かと問われても 1 人ひとりで答えは異なるでしょう。自分なりの答えを見つけ出すには試行錯誤するしかありません。答えを見つけるために，あるときは心理的にも物理的にも極端に離れてみたり，あるときは近づいてみたり，ということを何度も繰り返す必要があります。

　気づいていなかったかもしれませんが，みなさんも実は小学生のころからずっとこの親への接近と回避の**心理的ゆれ**を続けてきたのです。青年期になるとこの心理的ゆれは，ゆれ幅がこれまでより小さいかもしれませんが，しばらくは続きます。なぜなら，堅固にみえる人間関係でも環境が変われば変わりうるからです。大学入学で実家を離れる場合だけでなく，実家暮らしでも社会に出れば，あるいは結婚すれば大きく環境が変わりますから，それに応じた親子関係の心理的距離を探ることになるでしょう。心理的離乳は子どもが中高年になっても続くと主張する研究者もいます。

　赤ちゃんが離乳するときと同じように，心理的離乳のときにも不

安がつきまといます。この不安を軽くするために，同世代の仲間（友達）や恋人との関係が大切になるというわけです。つまり，親からの独立と仲間や恋人との関係の深化は表裏一体です。親から離れなければ仲間や恋人と親密な関係を構築したり続けたりすることが難しいかもしれません。マユはつきあっていた彼氏と別れたことを母親のせいだと考えていますが，本当に母親だけの問題でしょうか? 逆に，幼児期からの集団生活で仲間づくりが適切にできないと，親からなかなか離れられないかもしれません。ただし，仲間が大勢いればそれでよいということではありません。いわゆる「コミュ力」だけを上げても他人と親密な関係を結べなければ，心理的離乳は十分できないのです。

このような，親も含めた他者との関係のなかで**アイデンティティ**（自我同一性；自分らしさ）を形成していくプロセスについては，序章や，本章のブックガイドで紹介する本も参考にしてください。また，他者と親密な関係を構築したり続けたりすることには，次に述べるアタッチメントも影響します。

2-2. アタッチメント

アタッチメントは日本では愛着（あいちゃく）と訳されています。養育者と子どもの間に形成される緊密な情緒的絆という意味です。乳幼児期におけるアタッチメントの発達についてはJ. ボウルビィやM.D.S. エインズワースの研究が有名ですから，興味のある人はぜひ発達心理学の専門書を読んでください。

心理学の研究からわかってきたのは，アタッチメントには**表5-1**のようないくつかのタイプがあるということです。これは，ストレンジ・シチュエーションという方法で調べられました。乳幼児がこれまでに体験したことのない状況（シチュエーション）で，養育者

と一緒にいる場合，1人でいる場合，見知らぬ人と一緒にいる場合などに分けて，子どもの行動を観察します。みなさんが親になったときにも役に立つかもしれません。

　安定型（Bタイプ）の子どもは，養育者だけでなく他の大人や同世代の仲間とも安定した関係を結ぶ傾向があり，気分も安定しているようです。ただし，AやCやDのアタッチメント・タイプになってしまうのは，養育者だけのせいではないことに注意しなければなりません。子どものもって生まれた傾向も影響するでしょうし，親子が置かれた生活・社会環境も影響するでしょう。極端な例ですが，長期的に内戦状態にある国や地域で，養育者が安定型のアタッチメント・タイプを形成するのはきわめて大きな努力を必要とするに違いありません。

　さて，このアタッチメント・タイプは青年になっても変わらないのでしょうか？ ストレンジ・シチュエーションは乳幼児にしか使えませんが，成人愛着面接（adult attachment interview：AAI）という方法が開発されて，子どものころから成人までのアタッチメント・タイプの変遷を調べられるようになりました。

　まず，世代内の変遷，つまり個人のなかでの変化をみてみましょう。安定型以外を不安定型とした場合，子どものころに安定型だった人が成人になっても安定型である可能性は全体の40％以上だと考えられています。また，安定型から不安定型になるケースと，逆に不安定型から安定型になるケースは両方存在し，全体における割合も同じ程度だと考えられています。

　青年期に不安定型から安定型へ変化する人には，特定のパートナーとの良好な恋愛関係が影響していると主張する研究者もいます。アタッチメント・タイプの変遷については研究がまだ少ないのですが，心理的離乳のところでも述べたように，他者との親密な関係が，

表5-1 アタッチメント・タイプの分類

タイプ	子どもと養育者の具体的な様子
回避型 （Aタイプ）	このタイプの子どもは養育者から離れても苦痛や混乱を示さず，再会しても養育者を無視して避けようとします。また，養育者を安全基地として探索行動をすることがなく，養育者と見知らぬ人に同じようによそよそしい態度をとります。 養育者は子どものネガティブな感情を受け流す傾向があります。子どもの感情をなだめようとせず，子どもが接触しようとするのを避ける傾向があります。
安定型 （Bタイプ）	このタイプの子どもは養育者から離れると苦痛や混乱を示しますが，再会すると接触を求めて，容易に落ち着くことができます。また，養育者を安全基地として探索行動を行い，なぐさめてもらう相手は見知らぬ人よりも養育者を好みます。 養育者は子どもがネガティブな感情を表出した際に，スムースかつ柔軟に対応し，子どもをなだめることができます。また，子どものこころを見出す力（mind-mindedness）が高いといわれています（たとえば，子どもが泣いているときに，単なる生理現象とは捉えず，寂しがっているなどと心理的に解釈して接触できることをさします）。
アンビバレント型 （Cタイプ）	このタイプの子どもは養育者から離れると強い苦痛や混乱を示し，再会すると接触を求めますが，養育者を叩くなどの怒りを示して落ち着きません。また，養育者から離れられないので，探索行動を行うことができません。見知らぬ人はなぐさめることはできません。 養育者は子どもがネガティブな感情を表出したときに，あるときは受容し，あるときは受け流す，というようなまちまちの対応をする傾向があります。つまり，養育者の気分で対応が変わってしまうので，子どもはネガティブな感情が生じたときにそれを強く表明することで養育者を引き留めて，かまってもらう確率を上げようとするのです。
無秩序・無方向型 （Dタイプ）	このタイプの子どもは養育者にべったりくっついているかと思うと突然離れたり，くっつこうとすると同時に避けようとしたり，接触しようとしても達成する前にやめてしまったり，呆然とした表情で数十秒間じっとしていたり，というような一貫しない態度をとります。 養育者は安全基地の役目を果たすことができていません。自分がおびえてしまったり，子どもをおびえさせるような態度（たとえば，子どもに対して無反応）をとったりする傾向があり，アタッチメントの機能が不全状態にあります。

（出典）蒲谷（2018）より作成。

親子関係尺度

　親子関係を調べる質問紙はたくさんあります。ここでは落合・佐藤（1996）による尺度の一部を挙げておきます。以下の質問に，母父別に5段階（1＝まったくそう思わない，2＝あまりそう思わない，3＝どちらともいえない，4＝ややそう思う，5＝非常にそう思う）で点数をつけて，合計得点を質問数の16で割ってください。4点以上なら大学生として妥当だと考えられます。しかし，親子関係を正確に理解するためには他の要素も考慮しなければなりませんので，あくまでも参考程度にとどめてください。詳しくは宮下・杉村（2008）にも解説があります。

質　問　文	回　答				
①母（父）は，子どものことを信じているのであまり口うるさくない。	1	2	3	4	5
②母（父）は，私のことを精神的に大人になったと認めている。	1	2	3	4	5
③母（父）は，私の考えを尊重し，自分の意見をおしつけることはない。	1	2	3	4	5
④母（父）は，私を1人の人間として認めている。	1	2	3	4	5
⑤母（父）は，干渉はしないが，いつも私のことを気にかけている。	1	2	3	4	5
⑥母（父）は，私を信頼してくれている。	1	2	3	4	5
⑦母（父）は，私が大人であることを認めてくれている。	1	2	3	4	5
⑧母（父）も私も，それぞれの立場を互いに理解しようとしている。	1	2	3	4	5
⑨母（父）は，私のすることにはめったに反対しない。	1	2	3	4	5
⑩母（父）は，私が自分の考えで行動しても認めてくれる。	1	2	3	4	5
⑪母（父）は，陰から私をそっと見守っている。	1	2	3	4	5

⑫母（父）は，お前を信じているからやってみろといってくれる。	1	2	3	4	5
⑬母（父）とは，お互いに個人として尊敬しあう仲である。	1	2	3	4	5
⑭母（父）は，私のプライバシーを尊重してくれる。	1	2	3	4	5
⑮母（父）は，私がしてあげることを素直に喜んでいるようだ。	1	2	3	4	5
⑯母（父）は，子の幸せは母（父）親の幸せだといって，私を見守ってくれている。	1	2	3	4	5

（出典）落合・佐藤（1996）より作成。

親子関係に基づく人間関係の困難さを乗り越えるのに役立つと考えられています。したがって，（異性であっても同性であっても）特定のパートナーと強い絆で結ばれることは，人の安定した愛着にとって不可欠だと考えられます。

　まとめると，子どものころのアタッチメント・タイプは成人になっても継続する傾向はあるものの，成人するまでのいろいろな体験，特に親密な人間関係によって変化しうる，といえそうです。

　次に，世代内の変遷とは別に，アタッチメント・タイプには世代間伝達があると主張する研究者もいます。心理社会的に問題になるのは，養育者が不安定型で，子どもも不安定型になるというパターンです。場合によっては，祖父母世代以前からの影響が現在のみなさんに表れている，ということになります。本書では詳しく扱いませんが，これは虐待や家庭内暴力（ドメスティック・バイオレンス〔DV〕）の問題とも深く関連し，臨床心理学や精神医学による支援対象になることがあります。

2-3. 家族のミニマム化の影響

　少子高齢化が急速なスピードで進んでいる日本では，すでに核家族ではなく単独世帯（所属する人が1人しかいない世帯）の問題がクローズアップされるようになったといえるでしょう。単独世帯の割合は，2010年には既に全体の30%以上に達しています。これは，青年期人口が都市部に集中し，未婚化・晩婚化が進んでいることに加えて，高齢者の単身者が増加していることが原因だと考えられています。この現象をここでは**家族のミニマム化**（最小化）とよびます。

　こうした現実からも，大学生と祖父母との関係は20世紀後半よりもかなり希薄になっているといえます。コンビニエンスストアやインターネットの発達が単独世帯での生活を便利にしているため，今後も単独世帯は増えることはあっても減ることはないでしょう。また，少子化に歯止めがかからない現状では，きょうだいが少ないために，家族関係はイコール親子関係（親：子どもの比が2:1，あるいは1:1）になることも多いと思われます。

　親と1人の子どもとの関係がうまくいかなくなったとき，緩衝材^{かんしょうざい}（バッファ）となるようなほかの人物，たとえば祖父母とかほかのきょうだいとかが身近にいないと，親子が自らの力だけで関係を修復しなければなりません。関係者（家族）が少ないと，「心理的ゆれ」についても，そこに注意が集中してお互いがこだわってしまい，問題がこじれてしまう可能性が高まります。親は子どものゆれに対して，余裕をもって観察，対応できなくなり，子どもがゆれるたびに不安がとても強くなるかもしれません。逆に，親の不安が非常に強いと，子どももゆれないほうがよいと無意識のうちに判断して，心理的ゆれ自体が家族内でタブー（触れてはいけないこと）になるかもしれません。

3. ひとり暮らし／実家暮らしの大学生とその親

　ここでは，大学生になってからの居住形態による違いで親子関係を考えます。ひとり暮らしになれば，そのまま単独世帯を形成することになるかもしれません。また，実家暮らしであれば，本来は望ましいことであるはずの活動範囲の広がりと社会での活躍が，親子関係に望ましくない影響を与えることもあります。

3-1. ひとり暮らしの場合

　ひとり暮らしでは，自分で決める，選択するという自律の問題が生じます。とことん乱れた生活になってしまっても，それは自分が選んだ生活であり，自分の責任ということです。大学に入るまで寮のような集団生活を送っていたという人もいるでしょうが，日本の場合は比較的少数派です。また，寮生活でも食事や勉強についてはルールがあったのではないでしょうか。大学に入るとルールはかなり緩むか，すべてなくなってしまいます。親からの心理的自立は，実家暮らしでも十分達成できますが，ひとり暮らしでは日常生活のすべてを自分でやらなければなりませんから，一般的には心理的自立も進むと考えられます。

　ただしここで，ひとり暮らしになった人には，心理的離乳がいまも続いていることを思い出してほしいと思います。親からの心理的自立が進んだとしても，ひとり暮らしをしたときの親との最適な心理的距離を，あなたは体験したことがないし，誰も教えてくれません。ひとり暮らしの状態で自分が試行錯誤するしかないのです。両親と機会をみつけて会ったり，電話やSNSで連絡を取ってみたり，しばらくはまったく連絡を取らないで過ごしてみたり，という体験をいろいろしてみて，最適な心理的距離を探ってください。また，

忘れないでほしいのは，親もあなたに関しては，この状況が初めてだということです。「子離れ」という言い方をよくしますが，あなたとともに親も新しい体験をして育っていくのです。こうした客観的な視点でこれからの親子関係を考えてほしいと思います。

3-2. 実家暮らしの場合

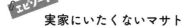

実家にいたくないマサト

　マサトにきょうだいはいない。両親は遠方の出身だから身近に親戚もいなかったし，両親ともに実家とは折り合いが悪いらしく，親戚づきあいもほとんどなかった。彼が子どものころから，両親はとても仲が悪かった。些細なことですぐに口げんかが始まり，大声で怒鳴りあう。幼いマサトは嵐が過ぎ去るのを待つように，カーテンの陰やベッドのなかでけんかが終わるのをじっと待っていた。家族旅行には行ったが，行く先々でけんかになった。家では，母は幼いマサトを相手に父の不満を言い続けた。小学校高学年のころから「そんなに嫌なら離婚すればいいのに」と考えていたが，どうもそうはならず，変な夫婦だと思っていた。かといって，もし離婚になっても，自分はどちらにもつきたくない。自分が何か反抗すると，両親はかえって互いを責めてまたけんかが始まるので，マサトは「自分は黙っているほうが得になる」と思っていた。両親には自分の内面を知られないようにして，できるだけ接触しないように，必要最低限のことしか話さないようにしてきた。自宅から通える大学に合格したあとで，マサトは両親に突然宣言した。「俺はこれからアルバイトを一所懸命して，金がたまったらこのクソみたいな家を出る」。母は泣くばかりだが，父は「いままで育ててやった恩を忘れるくらいなら勝手にしろ！ いますぐ出ていけ！」と怒鳴った。

　実家にいる場合，父子間の関係も無視できません。父親の問題には何があるでしょう。まず，マユの父のように，家庭内での存在が

希薄なために，父親の果たすべき役割が機能していない場合があります。また，アルコール，ギャンブル，DVの問題なども母親より父親のほうに生じやすいですが，存在の希薄さも含めてこれらはある意味で夫婦関係の問題，あるいは広く人間関係の問題だということもできます。

マユやマサトのように，夫婦関係の歪みが父子関係・母子関係に反映されて子どもが苦しむ，というケースは多いのです。マサトと両親との関係は極端な仮想例ですが，これまで説明してきた心理的離乳，アタッチメント，家族のミニマム化がすべて影響しています。ただし，夫婦関係は多種多様で，正解はないため，マサトが思うほど両親は仲が悪いわけではないのかもしれません。

子どもが大学生になると，これまでの不満を爆発させ，親子関係の問題が顕在化することはよくあります。このとき両者の関係は「敵か味方か」「いうことを聞くか聞かないか」という極端なものになりがちです。子どもも親も，関係における中庸という状態がわからないからです。

マサトが「このクソみたいな家」を出ることを当面の目標にするのも1つの選択肢だと思いますが，彼が自らのパーソナリティを健全に育みたいなら，短絡的に親と離別しようとするのではなく，難しいことですが，親との関係を長期にわたって内省しつつ客観的に関係を見直す冷静さをもってもらいたいと思います。実家暮らしの大学生も，ひとり暮らしの人と同じように，心理的離乳は継続しています。心理的ゆれをいろいろ体験できるように，日常生活のなかで挑戦するのはこれからでも遅くはありません。

💬 **ここでいいたいこと！**

● 互いを独立した個人として尊重できること，そしてその個人同士が適切に助けあえることが，健全な親子関係にとって最も大切である。

● 次の「こころの柔らかワーク」とコラムも参考に，あなたの親子関係を客観的に捉え直してみよう。

・・・・・・・・・ こころ の 柔らか ワーク ・・・・・・・・・

健全な人間関係とは

　下に挙げる「健全な人間関係」は，依存症の治療で重視されるもの（ウィリアムズ・クラフト，2018）ですが，一般的な人間関係においても大切な項目が並んでいます。親子関係だけでなく，大切な人との関係をよく考えたいとき，互いの関係が下記の条件を満たしているかを検討してみましょう。

表　健全な人間関係

・私は支援を提供し，そのお返しとして支援されていると感じる。
・私は信用し，そのお返しとして信用されている。
・自分自身でいることができると感じている。
・私は，その人間関係における自分が好きだ。
・対立，議論，緊張は，私も相手も満足できるやり方で解決される。
・妥協が存在する。
・そうしたいと思えば，他の人とも自由に時間を使える。
・自分の人生について自分の決断をすることができる。
・たとえ同意はしなくとも各人の意見は尊重される。
・私は，安心でき，大事に思われ，愛されていると感じる。

ブックガイド

●平木典子・中釜洋子 2006. 『家族の心理──家族への理解を深めるために』サイエンス社

　一般的な家族心理から臨床的な問題までをわかりやすくまとめた専門書です。アタッチメントについても解説されています。

●宮下一博監修／松島公望・橋本広信編 2009. 『ようこそ！ 青年心理学──若者たちは何処から来て何処へ行くのか』ナカニシヤ出版

　現代的な視点を加味して，青年心理学の全体を網羅した本です。古典的なアイデンティティ理論からインターネット社会における青年像まで詳しく解説されているので，青年心理学の入門書として幅広く学べます。

●ほしよりこ 2014. 『逢沢りく』［上下巻］文藝春秋（文春文庫版もあり）

　主人公の女の子の悩みと成長を描いたコミックです。作者は素晴らしい漫画家ですが，ここでも家族の重い問題を淡いタッチで描いて第19回手塚治虫文化賞大賞を受賞しています。

第6章

恋愛と性をめぐる
ストレス

キーワード

DV, デートDV, 暴力のサイクル, ストーキング, セクシュアル・ハラスメント, ジェンダー・バイアス, 性の多様性, 性的指向, 性自認, スティグマ, フォビア, マイノリティ・ストレス, カミングアウト, アウティング

1. 恋愛におけるストレス

交際相手に暴力をふるわれるナオミ

　ナオミは，サークルの1学年上の先輩のヨシオと交際しています。交際当初のヨシオは，ナオミのことをいろいろと気にかけてくれて，とても優しい自慢の彼氏でした。交際が始まって3カ月が経ったころから，ヨシオはサークルの他の男性との交流を嫌がり，ナオミの行動を制限するようになり，「やましいことがないならいいだろ」といって，ナオミのSNSでのやり取りをチェックするようになりました。また，ナオミが嫌がるときにもセックスをさせられるようになり，ナオミは，些細なことでキレてどなられたり，時には殴られるようにもなりました。

　ヨシオはひどく暴力を振るった後，「悪かった。もう二度と暴力は振るわない」と反省を示したため，ナオミも「自分がヨシオを支えてあげなければ」と思い直し，その後も恋人関係を続けていました。しかし，ひと月もすると，再びヨシオは些細なことでイライラするようになり，以前よりも激しく暴力を振るうようになってしまいました。

1-1. デートDV

　DV（ドメスティック・バイオレンスの頭文字）とは，配偶者や恋人など親密な関係にある人から振るわれる，さまざまな暴力のことを指します。一口に「暴力」といっても表6-1のようにさまざまな形態が存在します。これらの暴力は単独で生じることもありますが，多くは複数の種類の暴力が重なって生じます。**デートDV**とは，DVのなかでも未婚の交際中のパートナー間に起こるDVのことを指します。内閣府（2018）の調査では，女性の約5人に1人，男性の約9人に1人が，交際相手から被害を受けたことがあると回答しています。

表 6-1　DV における暴力の種類

	身体的暴力	精神的暴力	性的暴力
内容	殴ったり蹴ったりするなど，直接何らかの有形力を行使するもの	心ない言動などにより，相手のこころを傷つけるもの	嫌がっているのに性的行為を強要する，避妊に協力しないといったもの
例	殴る，蹴る，髪を引っ張る，首を絞める，物を投げつける	大声でどなる，他人とのつきあいを制限する，メールや SNS でのやり取りをチェックする，人格を否定するような発言をする	性行為を強要する，みたくないのにポルノをみせる，避妊に協力しない

　ナオミの例でもあったように，DV 加害者の多くは，暴力をふるった後，反省の態度を示したり，別人のように優しくなることがあります。しかし，しばらくすると再び暴力をふるうようになります。このようなサイクルが繰り返されていくなかで，しだいに暴力がエスカレートしていく傾向があるとされています（図 6-1）。

　DV 被害者の心理としては，爆発期には，激しい暴力を受け，強い恐怖感と精神的混乱を体験します。安定期（ハネムーン期）になると，「自分が支えねば」「やっぱり愛されている」と被害者の気持ちも落ち着きますが，蓄積期には，再び相手の顔色をうかがってビクビクして過ごすことになります。この繰り返しのなかで，「何をやっても無駄だ」という学習性無力感にとらわれるようになり，**暴力のサイクル**から抜け出すことが難しくなっていきます。

　渦中にいる当事者たちは，支配する／される関係を「愛情」だと誤解して，なかなかデート DV に気づくことができないこともあります。デート DV は，ストーカー事件や傷害事件などに発展してしまうこともある人権侵害行為でもあります。どんな理由があっても暴力は許されるものではありません。

蓄積期

次の爆発期に向かって内面にストレスが溜まっていく期間。些細なことでイライラしたり，ピリピリした関係になる。

暴力が繰り返され
エスカレートしていく

安定期（ハネムーン期）

暴力によってストレスが発散され，比較的安定した関係になる期間。優しくなったり，反省を示したりするが，その背後ではストレスが溜め込まれていく。

爆発期

溜め込んだストレスを突発的に爆発させる期間。暴力衝動を抑制できない。さまざまな暴力をふるって，自分の思い通りになるよう強要する。

図6-1　DVにおける暴力のサイクル
（出典）　ウォーカー（1997）より作成。

　人は皆，1人ひとり尊重されるべき存在です。成熟した恋愛関係とは，自分が自分であることを大切にできるとともに，相手がその人らしくあることも大切にできる関係です。現在，交際相手がいる人も，これから出会う人も，自分も相手もどちらも大事にできる関係を目指しましょう。

　自分の状況がもしかしてデートDVかもしれないと思ったら，1人で抱え込まずに，信頼できる周囲の人や，学生相談室などに相談しましょう。もし友人がデートDVのことで悩んでいたら，まずはその人の話をじっくり聴いてください。「しっかりNOというべき」

上手な関係の終わらせ方

交際を始めて恋愛関係をスタートさせること自体も，いつもうまくいくとは限らない難しいことですが，恋愛関係を終わらせることも同様に難しいことが多いです。お別れがうまくできずに，心理的混乱をきたすこともありますし，ストーカー事件になってしまうこともありえます。「関係を終わらせる」と双方の意見が一致すればよいのですが，片方が関係を続けたいのに，もう片方が別れたいという場合にはなかなか簡単ではありません。

上手な関係の終わらせ方について，ポイントを整理すると，以下のようになります。

● はっきり意思を伝える

別れを伝えることで相手を傷つけてしまうことを気にして，曖昧な意思表示をしてしまうと，関係を続けたいという思いから都合よく解釈されて，いいたいことがうまく伝わらないことがあります。自分の気持ちを簡潔にはっきりと伝えるように心がけましょう。

● 一度距離をおく

「友達に戻りましょう」というセリフはよく聞くかもしれませんし，お別れに際して使ったことがある人もいるかもしれません。しかし，おつきあいしたことをなかったことにはできませんので，実際には友達に戻れるかというと，とても難しいものです。お互いのためにも，一度距離をおいて，相手への思いを整理する時間が必要です。

● 接触を極力避ける

距離をおくこととつながりますが，日常的に接触があれば，好意を持ち続けている側にとって，相手に近づけてうれしいと感じる反面，関係が終わってしまったことに直面させられるため，非常に苦しい思いをすることになります。お互いの刺激とならないように，お互いに落ち着くまでは極力接触を避けるようにしましょう。

これらの原則は，交際を申し込まれて断りたいときも，基本的には同じです。

表6-2 ストーカー規制法で規定されている「つきまとい等」の行為

行　為	主 な 内 容
つきまとい・待ち伏せ・押し掛け・うろつきなど	・尾行し，つきまとう ・外出先などで待ち伏せする ・自宅や職場，学校などの付近で見張る ・自宅や職場，学校などに押し掛ける
監視していると告げる行為	・本人しか知り得ない行動や服装などを電子メールや電話で告げる ・帰宅した直後に「おかえりなさい」などと電話する
面会・交際の要求	・面会や交際などを求める ・贈り物を受け取るように要求する
粗野・乱暴な言動	・大声で怒鳴りつける ・粗暴な内容のメールを送ってくる ・家の前で車のクラクションを鳴らしたりする
無言電話，拒否後の連続した電話・ファクシミリ・電子メール・SNSなど	・無言電話をかけてくる ・拒否しているにもかかわらず，何度も電話をかけてくる ・拒否しているにもかかわらず，何度も電子メールやSNSなどを送信してくる
汚物などの送付	汚物や動物の死体などの不快感や嫌悪感を与えるものを自宅や職場などに送りつける
名誉を傷つける	中傷したり名誉を傷つけるような内容を広めたり，メールをほかの人に送ったりする
性的しゅう恥心の侵害	・わいせつな写真を送りつける ・インターネット上に相手のヌードの合成写真を載せる

（出典）　警視庁ウェブサイト（https://www.keishicho.metro.tokyo.jp/kurashi/higai/dv/kiseho.html；2020年アクセス）より作成。

と感じることもあるかもしれませんが，まずは相手を批判せずに話を聴いてみてください。そのうえで，さらに助けが必要そうだと感じた場合には，相談窓口に相談してみるよう勧めてください。

1-2. ストーキング被害にあったら

　ストーキングとは，特定の個人に異常なほど執着し，その人の意思に反してつきまとうなどの行為を指します。1990年代から社会問題として取り上げられるようになり，1999年の「桶川ストーカ

ー殺人事件」を契機に，2000 年にはストーカー規制法が制定され，法的規制の対象となりました。

　ストーカー規制法では，恋愛感情やそれが満たされなかったことへの恨みの感情から，相手やその家族などに対して行われる 8 つの行為を「つきまとい等」（**表 6-2**）と，「つきまとい等」を繰り返して行うことを「ストーカー行為」と規定し，「つきまとい等」と「ストーカー行為」の両方を規制しています。

　ストーキングの被害は，エスカレートすると命の危険に関わる重大な事件に至ることもあります。警視庁（2019）によれば，加害者と被害者との関係は，元交際相手が 46.4% と最も多く，職場関係（16.5%），知人関係等（14.6%）と続いており，全体の約 85% が面識のある関係者によるものとなっています。相手が知り合いだからといって軽視せず，「これってもしかしてストーキング？」と思ったら，1 人で悩まずに，周囲の人や，学生相談室，警察などに相談しましょう。

　警察では，被害について相談することができ，被害者の申し出に応じて，「つきまとい等」を行ってはならないと文書で警告したり，禁止命令を出してもらうことができます。もし，相手方が禁止命令に従わずストーカー行為を続けた場合には，2 年以下の懲役または 200 万円以下の罰金が科せられることになっています。

🗨 ここでいいたいこと！

- 愛情と束縛は違います。デート DV にならないよう，自他を尊重する関係づくりを心がけよう。
- ストーキング行為は，面識のある関係者が行うことが多くある。心配なことがあれば，早めに周囲に相談しよう。

2. セクシュアル・ハラスメント

教員からのハラスメントに悩むナツコ

　ナツコは，理系学部の4年生。卒業研究のために，毎日のように研究室で実験に取り組んでいます。指導を受けている30代男性のA助教は熱血タイプの教員で，ナツコの実験についても手取り足取りで，とても熱心に指導してくれることから，ナツコも信頼を寄せていました。研究室に配属されてから，3カ月ほど経ったある夜，遅くまで残って実験を続けていたナツコと2人きりになったA助教は，ナツコの肩に手を置いて親しげに話しかけてきました。そのとき，ナツコはちょっと嫌だと感じたのですが，日頃からお世話になっていて尊敬しているA助教に対して，「いや」といえませんでした。

　その後，2人きりなるたびに，A助教はナツコの肩や腰に触れながら話をしてくるようになり，2人きりでの夕食に誘われたり，深夜や休日にもSNSで個人的なメッセージが送られてくるようになり，ナツコはA助教に対して強い嫌悪感を抱くようになりました。しかし，卒業研究が続けられなくなるかもしれないと恐れて，誰にも相談できませんでした。

2-1. セクハラとは

　みなさんのなかにも，ナツコのように他者の言動に対して，性的なニュアンスを感じて，嫌な思いをしたことがある人がいるかもしれません。**セクシュアル・ハラスメント**（セクハラ）とは，「相手の意に反する性的な言動」のことを指します。相手の意に反するかどうかというのが大事なポイントで，同じ言動だとしても，その相手がどのように受け取るかで，セクハラに該当するのか，しないのかが変わってきます。つまり，セクハラは相手との関係のなかで，生

じてくる対人トラブルということができます。また，自らの意に反する性的言動によって，男性が被害を受けるという場合もあります。

　セクハラは，大きく２つに分類されるといわれています。１つは，「対価型セクハラ」といわれるもので，性的な関係の要求を拒否した相手に不利益を与えるものを指します。たとえば，ナツコがA助教にからだを触れられるのを拒否した場合に，A助教がそれ以降指導してくれなくなったということがあるとしたら，それは対価型セクハラということになります。もう１つは，「環境型セクハラ」といわれるもので，性的言動によって，教室や研究室などの環境を悪化させるものを指します。たとえば，腰や胸に触れるといった直接的な行動も環境型セクハラに含まれますし，不快に思う人がいるのに性的な話題を繰り返したり，研究室内に性的なポスターやフィギュアなどが置かれていて，それを苦痛に感じる人がいるということも，環境型セクハラに含まれます。

　また，「男はこうあるべき，女はこうあるべき」というような，性別により特定の役割を分担すべきとする意識（**ジェンダー・バイアス**）に基づく言動についても，セクハラに該当しうる言動になります。

　セクハラは，教員とその指導学生，アルバイトの上司と部下，サークルや部活での先輩と後輩というような，上下の関係があるなかで生じると，深刻になりやすいといわれています。ナツコの場合もそうでしたが，加害者側はセクハラをしているという認識をもちにくく，被害者は不快に思っていても，上下関係のなかで拒絶することが難しく，深刻になるまで被害が明るみに出ないことが多いのです。このような場合，相手から明確に拒絶される訳ではないこともあり，加害者側も相手に受け入れられたと誤認していることが多くあります。

ハラスメントの被害を受けることは，強い不快感，嫌悪感，恐怖感を伴う体験です。短期的には不安や不眠などのストレス反応を示すことがありますし，長期的にはこころの傷として影響が残り，被害を生々しく再体験させられるような悪夢やフラッシュバック，回避行動が続くことがあります。加害者に対する怒りや報復心が高まることもあれば，気分が落ち込み，自責感に苛まれて，自殺を図ろうとするということもありえます。ハラスメント被害は，被害者のこころの健康に深刻な影響を及ぼすといえるでしょう。

2–2. 加害者／被害者にならないように

セクハラの加害者にならないためには，どんなことに気をつければよいでしょうか。相手がどのように受け取るかで，セクハラとなるかどうかが決まるので，自分の言動を相手がどのように受け取っているのか「想像力を働かせる」ことが最も大事です。そんなこと簡単だろうと思う人も多いかもしれませんが，自分の立場が上で，相手が"NO"といいにくいような関係にある場合には，想像力が働きづらくなるということを，特に気をつける必要があります。

デートDVのところでも述べましたが，恋愛関係でも，そのほかの人間関係でも，どんな関係においても「親しき仲にも礼儀あり」です。自らの言動が相手にどのような影響を与えるのかについて折に触れて振り返りながら，相手を尊重する姿勢を磨きましょう。

セクハラの被害を受けていると感じている場合，相手との関係がどのようなものであれ，あなたには相手に"NO"という権利があります。だだ，直接相手に"NO"ということが難しい状況も多くあるのではないかと思います。事態が深刻になればなるほど，相談するハードルが上がり，解決が難しくなります。こんなことで相談してよいのかと躊躇せず，なるべく早い段階で信頼できる周囲の人

性感染症について知っておこう

　性行為で感染する病気のことを「性感染症」（sexually transmitted diseases：STD）といいます。ウイルスや細菌などが，性行為により性器・肛門・口腔等に接触することで感染します。通常の膣性交だけでなく，オーラルセックスやアナルセックスでも感染することが知られています。

　代表的な性感染症としては，梅毒，淋菌，性器クラミジア，性器ヘルペスなどがあります。特に，近年，梅毒の報告数が増加を続けており，注意が必要です。性感染症のなかには，自覚症状が出にくいものもあります。感染が心配な場合には，自己判断をせずに，近隣の保健所に相談したり，医療機関を受診しましょう。

　性感染症の予防のためには，セックスをしないことがいちばんの対策になります。逆に，複数のパートナーとセックスすることは，それだけ感染の危険が高まります。感染していないことが確実なカップルで，お互いにほかのセックスパートナーがいないのであれば，2人のセックスは安全です。また，感染を予防するためには，コンドームを正しく使うことが有効です。

や相談窓口に相談してください。多くの大学では，「ハラスメント相談窓口」が設置されていて，被害が生じた場合の対応の手順が整えられているはずです。

3. 性の多様性

性自認に悩むサトル

　サトルは，身体的な性が男性で性自認が女性というトランスジェンダーの学生です。幼いころから身体的な性に違和感を抱き，自分のこ

とを受け入れることが難しいと感じながら暮らしてきましたが，大学を卒業し社会に出るタイミングで自認する性である女性として生きていきたいと考えるようになりました。サトルは，いままで誰にも性自認の話をしてきませんでしたが，3年生になり就職活動が始まる前に，思い切って母親に打ち明けました。しかし，サトルの話を聞いた母親はひどく動揺して，「お前を女として育てたつもりはない」と受け止めてくれず，サトルはいちばん近い家族に拒絶されたと，ひどく落ち込んでしまいました。

3-1. マイノリティ・ストレス

　みなさんも LGBT という言葉を聞いたことがあると思います。**性の多様性**を考える際には，**性的指向**（どのような対象に性的魅力を感じるのか）や**性自認**（自分の性をどのように認識しているのか）が注目されます。LGBT は，性自認は女性で，恋愛対象は女性のレズビアン（lesbian），性自認は男性で，恋愛対象は男性のゲイ（gay），性自認は男性または女性で，恋愛対象は女性と男性の両方のバイセクシュアル（bisexual）と，身体的な性と性自認が一致しないトランスジェンダー（transgender）の頭文字を取って，性的指向や性自認に関してマイノリティ（少数者）とされている人々を総称する語として用いられています。性的マイノリティの人たちが，必ず LGBT のいずれかに分類されるわけではなく，多様な性的指向や性自認をもつ人たちがいるということも理解しておく必要があります。このようなセクシュアリティの多様性を表すために，questioning（性的指向や性自認が未決定な人）や intersex（性分化疾患の人）の頭文字を使って LGBTQI や LGBTQI＋と表現することもあります。

　私たちの社会には，性的マイノリティに対する否定的イメージが根強く存在しています。このような社会における否定的イメージを

スティグマ（stigma；偏見）といいます。特に，性的マイノリティを合理的な根拠なしに好ましくないととらえる価値観や偏見のことを**フォビア**と呼びます。フォビアは，日常生活のなかで，同性愛やトランスジェンダーについての冗談やからかい，嘲笑のネタとして現れたり，いじめや暴力の背景となったりすることがあります。

性的マイノリティの当事者も，このフォビアを自らの価値観として無意識に取り入れてしまうということが知られています。性的マイノリティの人たちは，スティグマが強い社会において，少数派であるために，多数派が経験しないストレスに余計に晒されることになります。このようなストレスを**マイノリティ・ストレス**と呼びます。マイノリティだからといって，ストレスを常に自覚して生活しているわけではありませんが，マイノリティ・ストレスは，そのマイノリティ集団に固有のもので，その社会の基盤にある，なかなか変わることのない社会的文化的構造をもとにして生じる慢性的なストレスといえます。

最新の調査（釜野・平森, 2019）では，性的マイノリティの割合は3.3% という結果が出ています。みなさんのなかには，いままで，性的マイノリティに出会ったことがないという人も多くいるかもしれません。これは，サトルがそうしてきたように，フォビアの影響が強いために，自分が性的マイノリティであることを表明する（これを**カミングアウト**といいます）ことが難しくなっていることの現れといえるでしょう。

3-2. アウティングを避ける

当事者の意思による表明であるカミングアウトに対して，当事者の意向を無視した性的指向や性自認に関連する情報の暴露を**アウティング**と呼びます。性的指向や性自認に関連する情報は，特に取り

扱いに配慮が必要な個人のプライバシーであり，アウティングによって本人の尊厳を大きく傷つけてしまうことがあるということを認識する必要があります。

　学生生活のなかで，性的指向や性自認に関わる情報を友人から打ち明けられることがあるかもしれません。アウティング予防のためには，本人の意思に沿う形で慎重に対応するよう努めることが重要です。性的指向や性自認に関連する情報は個人のプライバシーであり，その秘密を守るようにしましょう。話を聴く際には，興味本位で質問せず，話し手が話したいことを丁寧に受け止めながら話を聴くようにします。そして，話をしてくれたことに感謝の意を伝え，もし求められたら支援したいことを伝えてください。

　カミングアウトされることで，びっくりして，戸惑ったり，混乱したりすることもあるかもしれません。なかには，恐怖感や嫌悪感を抱く人もいるかもしれませんが，出会った経験のない未知の対象に遭遇するときにそのような感覚を抱くことは，正常な反応でもあります。既知の存在になれば恐怖感や嫌悪感は和らいでいくはずです。カミングアウトしてもらうことで，性的マイノリティを知る契機にもなりますので，そのような心づもりで，謙虚に話を聴いてみてはいかがでしょうか。

　戸惑って苦しい場合でも，アウティングを避けるために人に相談できないと考えて，1人で抱え込んでしまうこともあるかもしれません。そのような場合には，守秘義務を負っている専門家がいる学生相談室などに相談してみることをお勧めします。

🗨 こでいいたいこと！

- フォビアのために，性的マイノリティは多数派が経験しない余計なストレスを経験する。

●本人の尊厳が大きく傷つけられるアウティングを避ける配慮が
不可欠。

・・・・・・・・・・ こころ の 柔らか ワーク ・・・・・・・・・

自分の恋愛関係を見直してみよう

恋愛関係にある人は相手との現在の関係を，恋愛関係にない人は，過去
の恋愛関係や，自分が恋愛するとしたらどうなのか想像して，自分の恋愛
関係観が「デートDV的」かどうかチェックしてみましょう。

- □ 相手に嫌われないためには，自分の気持ちを我慢すべき
- □ 嫌なことをはっきり「いや」と伝えられない
- □ 愛情があれば多少の暴力は許される
- □ 相手が自分の思い通りにならないとイライラする
- □ 気に入らないことがあると，相手に暴言をぶつけてしまう
- □ つきあっているのだから相手を束縛して構わない
- □ 男性はリードし，女性はそれに従順であるべきだ
- □ 相手の人間関係を全て知らないと気がすまない
- □ 相手が嫌がるときもセックスを強要する／される
- □ 避妊に協力しない／してもらえない

みなさんはいくつチェックがついたでしょうか？ チェックの数が多いほど，
お互いの関係が「デートDV的」ということになります。お互いに尊重しあ
える，より成熟したパートナーとなるために，折に触れてお互いの関係を
見直してみましょう。

・・・・・・・・・・・・・・・・・・・・・・・・・・・・・・・・

📖 ブックガイド

●ウォーカー，L. E.（斎藤学監訳／穂積由利子訳）1997.『バタードウー
マン──虐待される妻たち』金剛出版（Walker, L. E. 1979. The
battered woman）
　アメリカの心理学者であるウォーカー博士の著。多くの支援実践を通して，
DV 被害者の女性がなぜ逃れようとしないのかについて明らかにした DV 問

題の古典書として，お勧めしたい1冊です。

● **清水潔 2004.『桶川ストーカー殺人事件──遺言』新潮社**

　　桶川駅前で起こった女子大生殺害事件についてのノンフィクション。迷宮入りしかけたこの事件の殺人犯を捜し当て，警察の腐敗を明らかにした，記者によるルポルタージュです。ストーカー被害の凄惨さだけでなく，警察やマスコミの対応についても，いろいろと考えさせられます。

● **松本俊彦・岩室紳也・古川潤哉編 2016.『中高生からのライフ＆セックスサバイバルガイド』日本評論社**

　　人には相談しづらい性や生き方の悩みについて，専門家がわかりやすく解説し対策を紹介しています。デートDVやアダルトビデオ，性的指向やマスターベーションなど，性に関連した話題も取り上げられています。中高生向けのタイトルになっていますが，大学生にもお勧めです。

第7章

SNS／ゲームとの
つきあい方

キーワード

SNS，承認欲求，炎上，ネットリテラシー，フィ
ルターバブル，剽窃，出典，ゲーム障害，ゲーム
依存，SNS 依存

1. インターネットとのつきあい方

「炎上」してしまったリョウタ

　リョウタは，飲食店でのアルバイトを1年前から続けています。最近では仕事にも慣れ，気の合う同僚にも恵まれて，充実したアルバイト生活を送っていました。

　ある日，仲良くつきあっている同僚と，廃棄予定の食材を使って悪ふざけをしている動画を，他のアルバイト仲間にもみせようと何の気なしにSNSに投稿しました。しばらくすると，「こんな不衛生なことをしているレストランはもう使いません」といった，見知らぬ第三者からのネガティブなコメントが大量に寄せられて，リョウタの投稿は瞬く間にネット上で拡散され，炎上状態になってしまいました。幸いアルバイト先に大きな実害はなかったものの，結局，SNSへの投稿の責任を取らされる形でアルバイトはクビになり，この事態を把握した大学からも厳重注意の処分を受けてしまいました。友人との間のいつもの軽い悪ふざけのつもりだったのに，こんなに大ごとになってしまい，リョウタは強いショックを受けるとともに，学生生活での貴重な居場所になっていたアルバイトの職も失ってしまい，落ち込んで引きこもりがちになってしまいました。

1-1. SNSでのコミュニケーション

　いまやほとんどの学生が自分のスマートフォン（スマホ）をもっていてどこでもインターネットにつながり，LINE，Twitter，Facebook，Instagram……と，いろいろな**SNS**（ソーシャル・ネットワーキング・サービス）を利用しているのではないかと思います。なかには，同じSNS内で目的別の複数のアカウントを使い分けている人も少なくないでしょう。現在では，使わなければ学生生活が成り立たなくなってしまうほど，SNSが学生生活に不可欠なコミ

表7-1　コミュニケーション形態による差異

形態	同期性	やり取りされる情報	特徴
対面	同期	言語情報 ＋多様な 非言語情報	最も多くの情報がやり取りされる。非言語情報に注目することで、話者の意図をつかみやすくなる。
電話	同期	言語情報 ＋音による 非言語情報	対面と比べると、視覚情報が失われるが、声の大きさやテンポといった非言語情報を手がかりにすることが可能。
手紙	非同期	言語情報 （紙媒体）	文字情報を使って、好きなタイミングでやり取りできる。相手に情報が伝わるのにタイムラグがある。
SNS	非同期	言語情報 （電子データ）	手紙と比べると応答のタイミングやメッセージの受け手の置かれている状況をつかみづらい。インターネット環境があれば、いつでもどこでも送受信可能。

ュニケーションの道具になっているといえるのではないでしょうか。

　SNS は、便利な道具である反面、トラブルなったり、不快な思いをしたりしないように、使い方に気をつかうこともあるかもしれません。SNS 上でのトラブルを避けるためには、SNS を使わないのがいちばんかもしれませんが、それが現実的な解決策ではないはずです。この節では、SNS におけるコミュニケーションの特徴を確認することで、SNS との上手なつきあい方について考えてみます。

　表7-1 に、コミュニケーションの形態ごとの特徴を比較してまとめてみました。対面でのコミュニケーションは、話す内容という言語情報に加えて、身振り、表情、声の大きさ、話のテンポなどのさまざまな非言語情報が伴います。対面でのコミュニケーションは、他の形態と比べてやり取りされる情報量が圧倒的に多くなります。たとえば、「わかりました」というときに、ニコニコと大きな声でいう場合と、ムスッとさえない顔で小声でいう場合とでは、伝わるメッセージは 180 度異なります。

電話でのコミュニケーションでは，身振りや表情といった非言語情報は伝わりませんが，声の大きさやテンポといった音による非言語情報は伝わります。対面も電話も，同じタイミングでメッセージの送受信を行う同期的なコミュニケーションであるため，その場で相手の反応を確認することができます。また，言語情報は意図的に内容をコントロールしやすく，非言語情報はコントロールが難しいという特徴があるため，話者の本音は非言語情報に現れやすいといわれています。対面や電話のコミュニケーションには，非言語情報を手がかりにすることで，相手の本音がつかみやすいというメリットがあるわけです。

　手紙によるコミュニケーションでは，紙媒体に記録した言語情報（文字情報）が非同期でやり取りされます。SNSも言語情報が非同期でやり取りされる点では，手紙と変わりませんが，手紙と違って伝達に時間がかからないため，すぐにメッセージが届いて，間髪入れずにその返事が返ってくることもありえます。手紙と比べると，応答のタイミングが多様で予測しづらく，「返事が来ないけど何かまずいことをいったかな？」などと不安になったりして，応答の「間」に振り回される可能性があります。さらに，SNSは，メッセージの受け手が不特定で多様である可能性もあり，受け手の置かれている状況や，メッセージを受け取る文脈が把握しにくいという特徴もあります。

　非同期のコミュニケーションは，お互いに時間を拘束されず，好きなタイミングでやり取りができるというメリットがあります。

　また，SNSごとにさまざまな仕組みがありますが，「いいね」の反応を相手に送る仕組みを使えば，わざわざ言葉にして伝えなくても手軽にポジティブな反応を相手に示すことができます。「いいね」をもらう側も，わかりやすい形で相手からのポジティブな反応を受

け取ることができ，また，「いいね」の数が可視化されるため，どのくらいの人から好意的な反応を得られたのかを把握することができます。ただし，この「いいね」の仕組みは，簡単に**承認欲求**を満たす手段として，「いいね」を得ること自体が SNS 利用の目的になりかねないこともあり，SNS 依存につながってしまうというデメリットにもなりえます。

1-2. SNS で生じるトラブル

　では，SNS やインターネットで起こりうるトラブルをみてみましょう。まず，言語情報以外の手がかりが乏しいことから生じる，コミュニケーションの齟齬が挙げられます。メッセージにスタンプや絵文字などを添付することは可能ですが，基本的に文字情報のみでのやり取りで，相手の意図がつかみにくかったり，応答の間やタイミングが読みづらいために，誤解が生じやすくなります。大きなトラブルに至ることは少ないかもしれませんが，みなさんも SNS でのコミュニケーションのズレは経験したことがあるのではないでしょうか。

　次に，SNS などで不適切な情報発信をしてしまったことで非難が集中し，それが第三者により拡散され，さらには，発信者の個人情報までもが特定・拡散されてしまうといった**炎上**が挙げられます。リョウタの例のように，何気なく行った情報発信がモラルに反するものだと非難されて，大きなトラブルになってしまいます。

　他人のプライバシーを侵害してしまうことでトラブルになることもあります。本人から了承を得ずに，他人の顔写真や名簿，住所などの個人情報を SNS やウェブ上に掲載するのは控えるべきです。SNS の投稿は，自分では「匿名だから」「内輪の話だから」と思っていても，公開の範囲を設定していなければ，インターネット上の

誰もが閲覧できる状態になるということを意識する必要があります。

　SNS利用に関連する犯罪に手を染めてしまうことも注意が必要です。パスワードを推測するなどして，他人のSNSアカウントを盗用したり，のぞき見したりすることは，不正アクセス禁止法違反として罪に問われる可能性があります。このような行為は「つい出来心で……」ということではすまされない犯罪行為になりますので，注意しましょう。

1-3. ネットリテラシーを身につけよう

　インターネットでのコミュニケーションには，従来のコミュニケーションと異なる特徴があるということを前提に，うまく活用できる能力（**ネットリテラシー**）を身につけましょう。

誤解を招かない表現を

　メールやSNSでのコミュニケーションでは，基本的に文字情報のみでやり取りが行われ，非言語情報が伴いません。文字情報だけでも気持ちや文脈が伝わりやすいように，より具体的に丁寧に伝えたい内容を文章にすることを心がけましょう。いつも使えるわけではないですが，絵文字やスタンプを活用するのは，伝わりにくい情報を補うための，とてもよいアイデアです。

受け手の背景も意識しよう

　SNSなどのコミュニケーションは，対面でのコミュニケーションと比べると，目の前に受け手がいないために，情報発信する「場」がみえにくくなるという特徴があります。リョウタも，第三者に自分の投稿をみられる可能性があるということをあまり意識せずに，何の気なしに投稿して炎上事件を起こしてしまいました。

　情報の受け手は思った以上に多様で，情報の受け止め方も多様であるということを認識し，多様な受け手への敬意を忘れないように

心がけましょう。国や地域，人種などの異なる文化圏では，価値観が大きく異なることもあります。また，政治や宗教の話題は，人によって主義主張が大きく異なることもあり，トラブルになりやすい話題です。これらは関連する発信をするのであれば，注意が必要です。

　内輪のつぶやきのつもりでも，設定によっては，それが全世界に公開されていることもありますので，他の人が写り込んでいる写真や，個人情報を投稿する際には，自分の発信によって他人のプライバシーが侵害されないか，他人の名誉を傷つけることにならないか，特段の配慮が必要です。

**サービスの
使い分け**

用いる媒体の特徴や使い方についても，知っておく必要があります。ここでは細かく触れませんが，同じ SNS でも，匿名でも利用できる短文投稿型の Twitter と，実名利用が前提で長文の投稿も可能な Facebook では，やり取りされる情報も異なりますし，活用のコツも変わります。SNS を使い始めるときは，深く考えずに始めることが多いかもしれませんが，その特徴や気をつけるべきポイントについては，押さえておくように心がけましょう。

**ネット上の
違法行為**

ネット利用に関してどのような行為が違法になるのかについても，気をつけておく必要があります。音楽や映画などの著作物を著作権者の許可なくアップロードしたり，違法に配信されている音楽や映画などの著作物を，それと知りながらダウンロードすることは，著作権法違反に当たります。また，パスワードを推測するなどして，他人のアカウントを盗用したり，盗み見することも，不正アクセス禁止法違反になりますので，注意してください。また，不正アクセスやハッキングから身を守るために，適切なウイルス対策を

行い，オペレーティングシステム（OS）やアプリケーションを最新版に保つようにしましょう。

受け取る情報の性質

SNS で取得できる情報の特徴についても考えてみましょう。新聞やテレビのような従来型のメディアは，情報発信者が新聞社や放送局に限られていて，一方通行的に情報が発信されます。一方，SNS は利用者が誰でも発信でき，双方向のつながりのなかで情報が拡散されていきます。両者では，発信者と情報の伝わり方がまったく異なるといえます。従来型のメディアは，組織内でのチェックを経て表に出るので一定の質が期待できますが，画一的で表面的になりがちです。一方，SNS からの情報は多様で，個別性の高い情報ですが，情報の質のばらつきが大きくなりがちです。SNS からの情報を受け取る際には，その信憑性や重要性を判断する力が受け手側に求められることになります。

　インターネットで得られる情報の特徴として，SNS から得られる情報も，検索サイトを使ってアクセスする情報も，自分がみたい情報だけから構成されるようになるということが挙げられます。ユーザーがみたくない情報を遮断した泡のなかに包まれたように，自分だけに最適化された情報のネットワークが構築される現象は**フィルターバブル**と呼ばれます。フィルターバブルのせいで，自分の価値観に反する情報に触れることが難しくなり，自分自身の情報の泡のなかで知的孤立に陥ってしまう懸念があるのです。知的孤立に陥らないように，インターネット以外の情報源も含めて，多様な情報に触れることを常日頃から意識することが肝要です。

不正行為とならないように

また，大学生としてぜひ気をつけてほしいことが，学習・研究活動上の不正行為に手を染めないということです。インターネッ

トで見つけた他人の文章を「コピー＆ペースト」して自分のレポートとして提出することは，他人の研究成果や著作物の「盗用」や剽窃（ひょうせつ）（他者の著作物から文章などの一部を盗み，自分のものとして用いること）という学習・研究活動上の不正行為に当たります。インターネット上にある文章は，気軽に切り貼りができて，とても便利なものですが，自分が書いたものではありません。他人の成果物を参考にすることはむしろ推奨されることですが，他人が作り上げた成果にはきちんと敬意を表し，自分のレポートや卒業論文などのなかで他者の著作物を引用する場合には，**出典**を明示しましょう。

ここでいいたいこと！

● SNS でのコミュニケーションは，非同期の言語情報のみでやり取りされる。

● インターネットでのコミュニケーションの特徴を理解し，ネットリテラシーを身につけよう。

2. ゲーム依存／SNS 依存

エピソード
「廃人」になってしまったジュンペイ

ジュンペイは，大学 2 年の夏休みごろから，MMORPG（massively multiplayer online role-playing game；大規模多人数同時参加型オンラインロールプレイングゲーム）にはまり込んでいます。もともとゲーム好きでしたが，現在では，完全にゲーム中心の生活になっており，オンラインの仲間からも「廃人」と認定されているほどです。

参加者が増え始める夕方ごろから始めて，明け方までプレーしているため，結果として昼夜逆転の生活になり，授業にも出られなくなり，大学の友人ともしだいに疎遠になってしまいました。2 年生の後期は結

局ほとんど授業に出られず，進級するために必要な単位を取れなかったため，留年が決まりました。ジュンペイ自身も，なんとか生活を立て直さなければまずいと思ってはいますが，ゲーム内で育て上げた自分のキャラとゲーム内の財産に加えて，自分をゲーム世界のヒーローとして慕ってくれるオンライン上の仲間との交流が捨てがたく，事態の改善のためになかなか動き出せないでいます。

- -

2-1. ゲーム依存とは

　みなさんは，どのくらいゲームをやりますか？　筆者は結構ゲーム好きなほうで，小学生のころにゲームウオッチで遊び始め，過去には，ジュンペイほどの廃人にはなれませんでしたが，MMORPGにハマったこともありますし，FPS（一人称視点シューティングゲーム）で戦闘に明け暮れていたこともありました。

　近年では，テクノロジーの進化と並行して，ゲームもより手軽に，よりリアルに，より刺激的に進化し，ますますはまり込みやすい娯楽になってきたように思います。ゲームメーカーは，ユーザーがプレイを楽しみ，ゲームの世界により深くはまり込んでくれるように，あの手この手の工夫を凝らします。家庭用ゲーム機やスマホの普及により，最近では，通勤通学のときにもゲームを楽しんでいる人を多く見かけるようになりました。ゲーム文化の広がりは，対戦型ゲームを用いてスポーツとして競い合う「eスポーツ」のイベントが盛んに行われるようになってきたことにもみてとれます。

　一方で，ゲームにはまり込みすぎることで，さまざまな問題が生じるということも指摘されるようになっています。ジュンペイのように，ゲームに没頭するあまり，学校生活に支障が出るようなこともありますし，ゲームのために心身の不調をきたし，極端な例では長時間続けてプレーしたことが原因で死亡する例まで出てきていま

表7-2　ゲーム障害の定義

1　ゲームの時間や頻度などをコントロールできない
2　他の関心事や日常生活よりゲームを優先する
3　問題が生じてもゲームを続けたり，よりのめり込んだりする
4　家庭，学校，職場など日常生活に重大な問題が生じる
5　1〜4の問題が1年以上続く

（出典）樋口（2018）より作成。

す。

　2022年に発効する予定の，世界保健機関（WHO）の最新の国際疾病分類（ICD-11）には，**ゲーム障害**（gaming disorder）がこころの病の1つとして収載されることが決まりました。ゲームによって，心身の健康が崩れ，社会生活に支障が出ることが，治療の対象になる「病気」として認められるようになったのです。

　ゲーム障害は，具体的には**表7-2**のように定義されており，「依存」の要素が含まれています。ゲームのやりすぎで，体調が悪くなったり，学業がうまくいかなくなり，やめようと思っても，自分の行動をコントロールできなくなってしまう状態が「依存」です。

　ゲーム依存の状態に陥ると，食事や睡眠のリズムが乱れたり，頭痛や吐き気，倦怠感が出てきたり，ゲーム以外のことへの意欲が低下して，イライラしやすくなるなど精神的に不安定になることがあります。また，仕事や学業といった本業に取り組めなくなり，対人関係でもトラブルが起きたり，関係が希薄になってしまうなど，社会生活全般に支障が出るようになります。

2-2. SNS依存とは

　SNSは，学生生活に必要不可欠なコミュニケーションツールになっています。みなさんも，自分のスマホでいつでもどこでもSNS

を楽しんで使っているのではないかと思います。つい深夜遅くまでSNSをやってしまったり，スマホに届く通知が気になって勉強に集中できないという経験も多かれ少なかれあるのではないでしょうか。

SNSにはまり込んでしまうことで，ゲーム依存（ゲーム障害）と同様に，心身の調子を崩したり，社会生活に支障が出るようになると，**SNS依存**が疑われることになります。SNS依存の基準については，**表7-2**のゲーム障害の基準のなかの「ゲーム」をSNSに置き換えて考えてください。

SNSは，スマホでいつでも手軽に利用でき，他者とのつながりのなかで，気になる情報，面白い情報が絶え間なく入ってくるうえに，自分の発信も「いいね」で人から簡単に認めてもらえます。このようなポジティブな刺激や承認欲求が満たされる経験が繰り返されるなかで，しだいにそれに脳が慣れてしまい，より強い刺激でなければ物足りなくなってしまいます。そうすると，より多くの面白い情報を入手し，より多くの「いいね」をもらうために，利用時間と利用頻度がエスカレートしていきます。食事中も，お風呂やトイレのなかでも，布団に入っても，スマホが手放せなくなっているということはありませんか？片時たりともSNSから離れられなくなっているとしたら，要注意です。

ゲームの場合と同様に，やめたいと思っても，自分で行動がコントロールできない場合には，SNS依存と考えられます。ゲーム依存と同様に，食事や睡眠のリズムが乱れ，心身の健康や社会生活が障害されてしまいます。

2-3. ゲーム依存・SNS依存にならないために

ゲーム依存・SNS依存にならないためには，どうすればよいの

依 存 症

　依存症とは，日常生活や対人関係に支障をきたしているにもかかわらず，特定の何かにこころを奪われて，やめたくてもやめられない状態になることをいいます。代表的な依存症には，アルコール依存や薬物依存，ギャンブル依存などがありますが，大別すると2種類の依存症があるといわれています。

① 物質依存

　アルコールや薬物といった物質の摂取に関する依存です。摂取を繰り返すことで，しだいに使う量や回数が増えていき，摂取行動をコントロールできなくなります。

② プロセス依存

　ギャンブルや買い物，万引きというように，物質ではなく特定の行為やプロセスにのめりこんでしまう依存です。依存行動をやめようとしてもやめられなくなり，トラブルに発展することがあります。

　依存症になると，快感や喜びを生じさせる行動を繰り返しているうちに脳の回路が変化して，自分の意思ではやめられない状態になってしまいます。一度この回路ができあがってしまうと，本人の意思で行動をコントロールすることが非常に難しくなります。やめられないのは本人の意思が弱いからではなく，この脳の回路のせいなのです。

　依存症の対処の基本は，依存行動を誘発するような刺激からなるべく離れて生活するように努め，依存行動をやめ続けることです。ただし，やめ続けること自体が容易ではないので，周囲の助けを得られるかが鍵になります。自分の気持ちを素直に表現できる場を確保し，孤立しないようにすることが重要です。

でしょうか。自分でコントロールできないのが「依存」ですので，「やめましょう」といっても，簡単に治せるものではありませんが，依存を予防するためのコツはあります。

　まずは，自分の生活リズムとゲームや SNS をしている時間をチェック（モニタリング）してみましょう（章末のこころの柔らかワークを参照）。生活記録をつけてみると，なんとなく流れていく日々の時間が，どのように使われているのかがみえてきます。もしかしたら，自分ががんばりたいと思っているほかのことに時間とエネルギーを割けるのに……と思うことがあるかもしれません。ゲームや SNS にのめり込んで，睡眠や食事のリズムが乱れているかもしれません。

　改善に向けての次のステップとしては，睡眠と食事のリズムを整え，ゲームや SNS に費やす時間を減らすことを試してみましょう。いきなり大幅に利用時間を減らすことは難しいかもしれませんが，食事中や就寝前は止めるなど，できるところから手をつけてみましょう。

　依存状態にあるときは，「勉強前に少しだけなら……」「通知のチェックくらいなら問題ない」とゲームや SNS をやる言い訳的な考えが出てきやすくなります。「やらないなら，何があってもやらない」という厳格なルール決めをするように心がけましょう。

　ゲームや SNS 以外の活動に打ち込んでみることも，有効です。たとえば好きな運動をしてみたり，読書やほかの趣味の活動をやってみたりということが挙げられます。このとき注意が必要なのは，スマホや PC を使う趣味は避けるということです。さらに慣れてきたら，1 日スマホを触らない日，1 日ゲームをしない日というのを設定してみてもよいでしょう。日常生活のなかで，新たな交流が広がったり，いままで気がつかなかった発見をしたり，新しい自分の

一面を見つけたりできれば，ゲームや SNS に振り回されずに，自分の人生を取り戻したということになるでしょう。

　もし，不登校状態が長期にわたって続いているなど，より深刻な依存状態であれば，専門家の助けを借りることも考えましょう。学生相談室のカウンセラーに相談すれば，あなたの状態に応じて，依存症の治療を専門的に行っている精神科クリニックなどを紹介してもらうこともできます。

🗨 こでいいたいこと！

● ゲーム依存・SNS 依存では，やめたいと思っても自分では行動をコントロールができなくなる。

● 自分の生活リズムを見直して，ゲームをしない時間やオフラインの時間をつくってみよう。

- - - - - - - - - こころ の 柔らか ワーク - - - - - - - - -

ゲーム／SNS の利用状況を記録してみよう

　自分の行動をコントロールするための第一歩は，自分がどのような時間の使い方をしているのかを把握することです。下のような記録表をつけて，自分の睡眠や食事のリズム，ゲームや SNS に費やしている時間がどうなっているかを，「見える化」してみましょう。

　「見える化」ができたら，ゲームや SNS の利用が自分の生活にどの程度影響を及ぼしているのか，考えてみましょう。次ページの例では，時に明け方までゲームや SNS に時間を取られていて，睡眠や食事のリズムが乱れ，思うように学業に取り組めていないことがわかります。

記入用：

	0:00	6:00	12:00	18:00	24:00
月　日（月）					
月　日（火）					
月　日（水）					
月　日（木）					
月　日（金）					
月　日（土）					
月　日（日）					

■睡眠　○食事　◀━━▶ ゲーム／SNS

例：

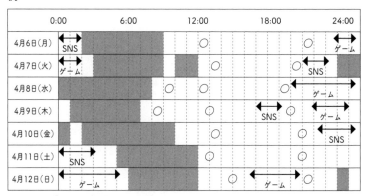

■睡眠　○食事　◀━━▶ ゲーム／SNS

📖 ブックガイド

● 下村健一 2015.『10代からの情報キャッチボール入門──使えるメディア・リテラシー』岩波書店

　ジャーナリストでメディアリテラシーについての専門家でもある著者が，インターネット時代の情報キャッチボールの特徴と，上手なつきあい方につ

いて，わかりやすく解説しています。

●高橋大洋・佐山公一・吉田政弘 2018.『学生のためのＳＮＳ活用の技術』［第 2 版］講談社

　　若者向けの SNS 解説本の多くは，SNS 利用の危険性を指摘するようなものが多いのですが，この本は SNS をどのように活用するかというポジティブな面についても焦点を当てています。学生生活に不可欠なメディアとなっている SNS の上手な活用法について，本書を読んでさらに考えてみましょう。

●パリサー，E.（井口耕二訳）2016.『フィルターバブル──インターネットが隠していること』早川書房

　　インターネット活動家の著者が，インターネットでは，ユーザーがみたくない情報が遮断される傾向にあることを「フィルターバブル」として警鐘を鳴らしています。インターネットがもはや自由に情報が得られる開かれた知的空間ではないということを痛感させられます。

●樋口進 2018.『ネット依存・ゲーム依存がよくわかる本』講談社

　　ネット依存やゲーム依存に陥るメカニズムや，診断ガイドラインをふまえた治療法と対策について，イラストをまじえてわかりやすく解説しています。学生生活が破綻してしまう前に，本書を読んで対策を考えましょう。

第8章

非 常 時 !

キーワード

非常時，学生相談所，保健管理センター，精神保

健福祉センター，感染症，アルコール，妊娠，け

が，事故，犯罪，アカデミック・ハラスメント，

災害，トラウマ，レジリエンス，喪の仕事，悲嘆

の仕事

1. 当事者になるということ

自転車事故を起こしてしまったジュン

　1週間前の小雨の降る日。ジュンはiPhoneでお気に入りの音楽を聴きながら自転車に乗っていた。その日は大学も休みで、アルバイトに行く途中だった。通い慣れた道だったので、いつも車も人もほとんど通らない交差点にさしかかってもスピードは落とさなかった。すると、傘をさしながらおばあさんが手押し車を押しながら急に現れた。危ないと思ったが間に合わず、手押し車に自転車が衝突。おばあさんは「きゃっ！」といってひっくり返った。ジュンも転倒して、「いててっ」といって起き上がったとき、1人のおばさんがおばあさんを助け起こしながらものすごい形相でジュンをにらみつけているのに気づいた。「ちょっと、あんた、何すんのよ！」。後でわかったが、そのおばさんはおばあさんのヘルパーで、一緒に散歩していたらしい。おばあさんは右腕をさすり続けていて言葉も出ない。ジュンは「すみません」と謝ったが「謝ってすむことじゃないの！　この人がけがしていたら責任取ってもらうからね！　あんたのせいで、打ち所が悪かったら死んじゃってたかもしれないんだから！　警察呼ぶよ！」と怒鳴られて、自分のけがも忘れて心底震え上がった。自転車事故くらいで警察を呼ぶとは思ってもみなかったからだ。おばさんが携帯で110番に電話すると警官がすぐにやってきた。警官は「こりゃあ、あんたのせいだね。あんたの名前と住所は？　学生なの？　じゃあ、親の連絡先もね」と冷たくいう。とりあえずヘルパーがおばあさんを病院に連れて行ったが、検査の結果、右腕を骨折していることがわかった。おばあさんの家族から親のところに連絡が入り、どうやって賠償するか話しあわれることになった。ジュンは何の保険にも入っていない。骨折の治療やその後のリハビリに100万円以上かかるかもしれないとおばあさんの家族からいわれて、ジュンは青くなった。この出来事以来、家族はずっと不機嫌でジュンを責めるし、ジュンはよく眠れない日が続いている。

非常時とは「日常ではないとき」なので，実際に何が起きるか事前に予測することは難しいといえます。一般に，災害や事故で自分が被害を受けることもあまり考えませんが，自分が加害者になったときのことはなおさら考えません。これはすべての人に共通する楽観的な傾向です。しかし，非常時には，あなたは被害者にも加害者にもなりうるのです。ここでは，大学生にとっての非常時で，被害者になる場合と加害者になる場合の両方について考えたいと思います。被害者になっても加害者になってもかなり大きなストレス事態です。事前に回避することができれば最もよいのですが，万一そうした事態に陥ってしまった場合に，本章で紹介するような組織や制度を利用することも立派なストレスマネジメントです。最後に災害時のこころの問題について考えますが，興味のある人はコラム⑩やブックガイド，あるいはその他の専門書もぜひ利用してもらいたいと思います。

2. 身近な非常時

2−1. 自分の病気・けが

精神的な不調

　第1章で述べたように，青年期は，身体的には大きな病気にかかりにくい時期です。もちろん，感染症も含めてからだの病気が生じないわけではないので気をつけてもらいたいのですが，比較的多くの青年に出現するのは精神的な病です。

　うつ病や躁うつ病（双極性障害）のような気分障害，幻覚や妄想が生じることがある統合失調症，突然パニック発作が生じたり人前で異常に緊張したりする不安症，些細なことが気になって何度も，何時間も同じ行動を繰り返してしまう強迫症などは，青年期に初め

て出現することが多い精神的な不調です。

　こうした不調を，自分で気づく人もいますが，家族や友人が異変を察知してくれることもあります。みなさんに覚えておいてほしいのは，青年期はこうした精神的不調が生じやすいということと，親しい人が「いつもとは様子が違うよ」といってくれたら素直に聞き入れて相談機関を訪れる，という2点です。みなさんの大学には**学生相談所**や**保健管理センター**があるはずですし，学生相談担当者が必ずいて，無料で相談にのってくれます。

　近辺の精神科・心療内科の病院やクリニックも精神的な不調時には利用できますが，意外に知られていないのは**精神保健福祉センター**の存在です。これは各都道府県や各政令指定都市に設置するよう法律で定められている公的機関で，精神面の保健所としての役割があります。相談内容によっては具体的な対応策を教えてくれることもありますが，こころの問題はどこに相談すればよいのかもわからない場合が多いので，まずは相談先を適切に教えてもらうために利用してください。

身体的な病気　　大学生の年代が身体的な病気に比較的かかりにくい時期だとはいえ，白血病，リンパ腫，骨腫瘍，脳腫瘍などのがんや，甲状腺機能異常のような内分泌疾患は青年期でも生じます。若い女性では月経異常や鉄欠乏性の貧血などもよくみられます。

　大学生に特に注意してもらいたいのはさまざまな**感染症**です。活動範囲が急激に広がることや，感染症への意識が低いことが原因となって，個人ばかりでなく集団感染を引き起こす可能性もあります。本書を執筆中の2019年には，はしか（麻疹）や百日咳が青年層にも流行していますし，数は少ないものの結核は消失していません。また，青年期には不注意な性行為による性感染症も多く，心理的に

も身体的にも重い後遺症をもたらす可能性があります（コラム⑨も参照）。

　一次予防（生活習慣の改善，健康教育，予防接種など，病気にかからないようにすること）は重要ですが，精神的な不調と同様に二次予防（早期発見，早期治療を促して病気が重症化しないようにすること）も強調しておきたいと思います。

　また，大学生の**アルコール**の問題は以前から大きく報道され，大学が厳しく注意しているにもかかわらず，なくなりません。ドイツのハイデルベルクに行くと，酔って乱暴狼藉をはたらく学生を閉じ込める中世の「学生牢」をいまでもみることができます。洋の東西や時代を超えて飲酒が関連する問題は生じていたようです。しかし，現代の日本では間違いなく，酔っぱらって羽目をはずすことに寛容すぎる社会の風潮があります（現代の欧米では，大学生でもかなり重い処罰が下されます）。急性アルコール中毒で毎年必ず大学生の死者が出ていることを考えれば放置することは許されません。花見やバーベキューのようなイベント，サークルの合宿などで相互に十分注意しあってください。この問題でも，みなさんは被害者にも加害者にも容易になりえます。飲酒の問題については第3章も読んでください。

　妊娠　　病気ではありませんが，予定外の**妊娠**も考えておきたいと思います。女性は特に不安で押しつぶされそうに感じるかもしれません。自分（たち）だけで抱え込まないようにして，最良の道を探しましょう。家族や友人に相談できない場合は全国の女性健康支援センター（本書サポートページも参照；厚生労働省のサイトから調べることもできます）に匿名で相談できます。妊娠は男女の人間関係の結果ですから，方針を立てる際には，互いを尊重し大切に思う気持ちを常に忘れないでいてほ

しいと思います。

あなたが理系学生の場合は，実験中の**けが**はとても多いことを忘れないでください。実験中に割れたガラスで指を切った，重い装置を足の上に落としてしまった，有毒ガスを吸引してしまったなどという出来事はしょっちゅうあります。実験インストラクターの注意は，他人事だと考えずに真剣に聞いてください。

また，大学生では，運動系サークルでのけが，サークルやゼミでの合宿，海外渡航先での病気・けがもありえます。筆者も学生時代，サークルの合宿先で，友人が運転する自動車に乗っていて接触事故に遭ったことがあります。同級生が死亡した事故も，残念なことに，日本国内外合わせて複数回起こりました。こうした事故は，活動範囲が急激に広がる大学生では起こりうることで，みなさんにも十分注意してもらいたいと思います。

事故に遭う可能性や事故を起こす可能性について自覚することも大切ですが，保険に入っておくこともストレスマネジメントの1つだといえます。任意保険はいくつかの保険会社が販売していますが，大学生協が提供している学生総合共済や学生賠償責任保険もありますから，情報を入手して必要なものにぜひ加入しておいてください。

海外に行くと慣れない状況に遭遇しますし，日本ではあまりかからない病気が流行しているかもしれません。また，気が大きくなって，羽目を外してしまうことがあるでしょう。筆者の友人にも，卒業旅行先の外国で，知らない間に睡眠薬を飲まされて強盗に遭った人がいました。現地でのけがや病気に十分気をつけるのは当然のことですが，外務省が出している海外安全情報も注意してみてください。前述の保険の情報とあわせて，本書サポートページでも情報を紹介しています。

2-2. 大切な人の病気・けが

　みなさんはすでに気づいていると思いますが，祖父母や両親はあなたが子どものときより年をとっています。いつ，いかなる病気やけががあなたの家族にふりかかるかわかりません。あまり考えたくはありませんが，中高年が突然死する病気はたくさんあります。みなさんの家族が健康にあまり気を遣っていないなら，みなさんからも忠告すべきでしょう。持病のある人のほうが常日頃から健康に気を遣っていることが多いので，自分は大丈夫だといっている家族にこそ注意すべきかもしれません。

　みなさんの親が急死したら大変ですが，長期間入院しても大変です。看病や介護の負担が心理的，時間的に重いだけでなく，経済的にもみなさんがそれまでの生活を維持することは難しくなります。そういう場合，大学によって方法や程度は異なりますが，学業を続けたいと考える学生への支援は必ず行われています。在学や進学を諦める前に大学の担当者に問い合わせてください。学生課や学生支援課などと名づけられている部署があるはずです。

　場合によっては大学を一時休学して，経済的な安定が得られた後に復学するという方法もあります。理由が明確ならば，休学中は学費が減免されるはずです。休学すると就職の際に不利になるのではないかと危惧する学生がときどきいますが，筆者の経験では，経済的理由での休学が就職活動で問題にされたことはありません。

　また，みなさんには家族でなくても，恋人や仲のよい友達のように大切な人がいると思います。そういう人たちのほとんどがあなたと同世代なので，前項に挙げたような病気やけがを負う可能性は十分あります。とはいえ，家族ではないために詳しい事情がわかりません。あまり深く問題に立ち入ると本人が迷惑する可能性もあり，無理に明るくさせようとしては本人の心理的負担になってしまいま

す。本人があまり語りたがらなければ，「いつでも協力するから，困ったときは必ず声をかけてほしい」と伝えておくだけでよいでしょう。自分は孤独だと強く思ってしまうと問題を解決することができなくなりますから，協力してくれる友達の存在を感じてもらうだけでも意味があります。どのように対応すればよいかわからないときは，大学の学生相談室や保健管理センターなどに相談してください。

3. 自分が加害者になる可能性

　冒頭エピソードのジュンのように，あなたが加害者になることは十分ありえます。活動範囲が広がることで，被害者だけでなく加害者になる可能性も高まるのです。年齢も 20 歳前後となり，社会的な責任が増えるに従って，加害者になったときの責任追及も厳しくなるでしょう。これは若い社会人にとっても同じなので，大学生のいまから想定しておくべきことです。本章と関連する問題は第 3 章や第 6 章でも詳しく説明されていますから，ぜひ読んでください。

3-1. 一般的な事故

　自転車，バイク，自動車という移動手段による**事故**だけでなく，先に述べたように大学内やアルバイト先での事故でも加害者になることはあります。これを完全に防ぐことはできませんから，やはり保険に入っておくことが最善の対策だと思われます。アルバイトをする際には，事故が生じたときの責任の所在や補償・対応策について確認しておいたほうがよい場合もあります。

3-2. 犯罪行為

　故意に罪を犯すことはもちろん許されませんが，自分では気づかないうちに**犯罪**に巻き込まれていることも最近は増えました。たとえば，アルバイトだと思って軽い気持ちでやっていたら，知らない間に詐欺グループの末端にいて逮捕されてしまったという事例が挙げられます。

　また，大学生は恋愛に関連するハラスメントや性犯罪にも注意すべきです。DV（デートDV）やストーキングも含まれます。こうした問題の心理社会的な説明は第6章にありますが，状況によっては大学内での処罰の対象というだけでなく，懲役刑が科されることがあります。

3-3. アカデミック・ハラスメント

　授業，実験，実習などでは**アカデミック・ハラスメント**（アカハラ）にも注意してください。アカハラとは，大学や研究所のような学術研究機関で生じるハラスメントを指します。大学生がアカハラを受けるとすれば教職員からの可能性が高いといえますが，同級生や先輩後輩に対して研究成果の収奪，研究の妨害，暴言・過度の叱責，誹謗・中傷，プライバシーの侵害などを行えば，学生同士のアカハラになる可能性があります。

　ここまで取り上げたように，大学生は犯罪や迷惑行為の加害者になってしまう可能性も高まります。まず，あなたが自律的に行動して，迷惑行為や罪を犯さないこと，犯罪に巻き込まれないことが大切ですが，どこに落とし穴があるかわかりませんから「世の中を甘くみない」ことも大切です。少しでも危険を察知したら，学生相談所などの大学内相談機関にまず相談することをお勧めします。

🗨 こでいいたいこと！

- ●「ほかの人はともかく，自分には悪いことは起きないだろう」と考えがちなことを心理学では「楽観バイアス」という。このバイアスのせいで非常時に対処できなくなることもある。
- ●大学生が被害者・加害者になる可能性は高校生よりも急激に高まる。
- ●万一のときも相談できる人や組織は必ず身近にあるということを忘れない。

4. 大きな非常時──災　害

　身近な非常時でも，その被害に遭っている個人の大変さが**災害**時よりも軽いといえるわけではありません。しかし，大災害では交通，インフラストラクチャー，地域の人間関係すべてが被害を受け，また生死の問題からどうしても目をそらすことができませんから，別に項目を立てて考えたいと思います。戦争のように人為的に引き起こされる大規模で悲惨な出来事も災害と呼ぶことができるかもしれませんが，ここでは自然災害のみを考えます。

　昨今は地球温暖化の影響か，大きな災害が多くなりました。大地震はいつでも起きる可能性がありますが，集中豪雨や巨大台風による土砂崩れや洪水，さまざまな理由による大規模停電も頻繁に起こっています。

4-1. 災害時に何が起きるか

　大きな災害では主に3つのストレス（死への恐怖，大切な人の突然の死，不便な避難生活）が人を襲います（冨永，2017）。特に死に関

するストレスは大学生のみなさんにも直接関係する可能性があります ので，それぞれについて解説していきます。

死ぬかもしれなか ったというストレス 災害では多くの人が亡くなる可能性があり ますが，紙一重の差で九死に一生を得ると いう体験をする人もかなりの数にのぼりま す。大変な被害に遭った人を目の前で目撃するという体験をする人 も多いでしょう。次の心的外傷後ストレス障害でも説明しますが， このような自らの命の危険を身近に感じる体験が心的外傷（**トラウ マ**）になります。トラウマという言葉は巷にあふれていますが，狭 義にはこうした体験のみがトラウマとよばれます。

最近では，トラウマも含めたネガティブな出来事やストレスに対 抗する力を意味する**レジリエンス**という概念が重視されるようにな ってきました。日本語では「回復力」と訳されています。回復力と いう言葉からもわかるように，ストレスを抱えないようにする方法， あるいはストレスを避ける方法ではありません。ストレスを抱えて いったんは落ち込んだりへこんだりしても，その後で立ち直るため にはどうすればよいかを心理学の観点から考えたものです。具体的 には本章の「こころの柔らかワーク」を参照してください。

大切な人を突然 亡くすという喪失 によるストレス 不幸にして，災害によって大切な人が突然 亡くなる体験をされる人は少なくありませ ん。大切な人が亡くなることが最大のスト レスであることはもちろんですが，家族同様に大切にしていたペッ トが亡くなっても同じように大きなストレスになります。「喪失」 という観点から考えれば，大切にしていた家や物品が壊れたり失っ たりすることもストレスです。

人はこうした体験から**喪の仕事**（mourning work；モーニング・ワ ーク），あるいは**悲嘆の仕事**（grief work；グリーフ・ワーク）と呼ば

サイコロジカル・ファーストエイド

災害後の心理的応急処置をサイコロジカル・ファーストエイド（psychological first aid：PFA）と呼びます。兵庫県こころのケアセンターのサイトでは PFA を次のように説明しています。

> PFA は，特別な治療法のマニュアルではありません。少しの知識があれば誰にでもできる，こころのケガの回復を助けるための基本的な対応法を，効率よく学ぶためのガイドです。それぞれのご専門，お立場，ご経験，あるいは現場のニーズに応じて，必要な部分だけを取り出して学んだり，使ったりすることができます。精神保健の専門家の方はもちろん，災害や事故の現場で働く可能性のある一般の方々にも，学んでいただける内容です。
> （http://www.j-hits.org>psychological/；2020 年アクセス）

PFA は，アメリカで開発されたものや世界保健機関（WHO）が作成したものが日本に紹介されています。アメリカ版は上記の兵庫県こころのケアセンターのサイトで，WHO 版は国立精神・神経医療研究センターのサイトでみることができます（本書サポートページも参照）。

PFA の効果についてはまだ研究途中で，いつでもどこでも誰にでも必ず有効だと証明されたわけではありませんが，災害支援に関わる多くの専門組織が推奨していることは間違いありません（亀岡，2017）。その基本的要素を以下の表に掲載します。

あくまでも応急処置ですから，いつまでも行う対処法ではありませんし，専門的な支援者にすぐにバトンタッチしなければならないケースもあります。しかし，被災地でリーダーにならなければならない大学生や，ボランティアで被災地に赴く大学生が増えているいま，多くの人に知っておいてもらいたい支援法です。

表　PFA の基本的要素

基本的要素	概　要
① 安全・安心	被災後は安全感が著しく損なわれ，不安や無力感が高まる可能性があります。心身の反応を和らげて，安全で見通しがもてる生活の再建を支援することが必要です。
② 落ち着かせる	被災時に体験した心身の興奮状態や恐怖が続いてしまい，不眠，不注意，イライラ，怒りっぽさの原因になることがあります。生活の安定化とさまざまなリラクセーション技法が役立ちます。
③ 周囲とのつながり	十分な社会的サポートはその後の PTSD 発症を予防するかもしれません。支援者が提供するサポートだけでなく，被災者同士の支えあいがとても大切になります。
④ 自己効力感	被災すると個人の自己効力感だけでなく，地域全体の効力感も損なわれてしまいます。生活のための不足を補い，問題を共に解決するような，被災者自身の積極的な関与や被災したコミュニティの能動的な活動を支援することが大切です。
⑤ 希望	被災後に良好な経過をたどる人は，楽観性や明るい見通しを立てられ，「生活は予測可能なものであり，安全に生きていける」という信頼感を備えているといわれています。

（出典）　亀岡（2017）より作成。

れる一連の心的過程を経て喪失の痛みや悲しみを乗り越えるといわれています。この心理的プロセスでは，外的・社会的には喪失を受け入れて現実の生活を取り戻し，継続しているにもかかわらず，内的・心理的には悲哀の過程が生じています。悲哀の過程とは，喪失した対象への罪悪感，悔やみ，償い，恨み，おびえ，恐怖といったさまざまな情緒や激しいこころの痛みを体験し，場合によっては抑うつやからだの不調が生じることです。しかし，この悲嘆の過程は喪失に対する自然な反応で，むしろこうした反応が生じない場合は，その人に何らかの心理的な問題が生じていると考えられています（杉山，2017）。第 9 章も参考にしてください。

非日常な生活によるストレス 自宅の損壊により避難所や仮設住宅での生活を余儀なくされる場合もあります。また，こうした不便で非日常的な生活が長期に及ぶことも多々あります。以前に比べればいろいろな点で避難所や仮設住宅は改良されているとはいえ，それまでの日常生活とは雲泥の差があり，ストレスが大きいことに変わりありません。仮設住宅での高齢者の孤独死が多いのも，心身に与えるストレスの影響が大きいことを物語っています。

4-2. 心的外傷後ストレス障害

　先にも説明しましたが，トラウマとは，その人がもっている対処する力を圧倒してしまうほどのストレスに満ちた回避不能の出来事を指します。トラウマティックな出来事を自分が体験したり，そのような他人を目撃したり，親しい人に起こった致死性の出来事が暴力的か不慮であったことがわかったなどの状況にさらされた後に，1 カ月以上次の症状が続くと心的外傷後ストレス障害（PTSD）と診断されます（市井，2016）。

　　・侵入的症状として，侵入思考，夢，フラッシュバック，心理的苦痛，生理的反応など。
　　・持続的回避として，物理的・心理的に思い出させる刺激を回避すること。
　　・認知と気分の否定的変容として，想起不能，否定的認知，自責や他責，恐怖，戦慄，罪悪感，恥，興味の減退，他者からの解離，疎隔感，否定的な感情を体験できないなど。

　PTSD を治療するためには，持続的エクスポージャー法や EMDR

と呼ばれる専門的な心理学的技法を用いる必要があります。しかし，同じ体験をしても誰もが PTSD になるとは限りません。PTSD の発症に影響するのは，トラウマの重篤度，社会的サポートの欠如，トラウマ体験後の生活上のストレスで，特に社会的サポートの欠如が最も大きく影響すると考えられています（亀岡，2017）。したがって，前項で挙げたように，避難所や仮設住宅でのストレスをどう軽減するかは非常に重要ですし，コラム⑪で説明したサイコロジカル・ファーストエイドも PTSD 発症を抑制するために役立つと考えられています。

・・・・・・・ こころ の 柔らか ワーク ・・・・・・・

レジリエンス

アメリカ心理学会は「レジリエンスを身につけるための 10 の方法」を公開しています（https://www.apa.org/helpcenter/road-resilience；2019 年アクセス）ので，以下の表にその項目だけを掲載します。非常時に立ち向かうために役立つことはもちろんですが，みなさんの生活を豊かにするためにも普段から気をつけてみましょう。

表　アメリカ心理学会による「レジリエンスを身につけるための 10 の方法」

1	良好な人間関係を構築すること
2	危機的状況を，乗り越えられない問題として考えないこと
3	変えられない状況は受け入れて，変えられる状況に注意を払うこと
4	目標を立てて，それに向かって進むこと
5	問題を回避せずに，断固とした行動をとること
6	努力してもうまくいかないときは，自己発見の機会だと思うこと
7	肯定的な視点を育むこと
8	できるだけ幅広く長期的な視点を維持すること
9	楽観的に考えて希望的な見通しを維持すること
10	自分の希望や感情に注意を払い，楽しくリラックスできる活動に参加すること

ブックガイド

●藤森立男・矢守克也編 2012. 『復興と支援の災害心理学——大震災から「なに」を学ぶか』福村出版

　東日本大震災の翌年に緊急出版された「いま，必要とされている内容」を集約した本です。被災者のこころの問題だけでなく，ボランティアや警察・消防など支援者に生じるこころの問題やマスメディアの対応など，災害において注意しなければならない内容を幅広く取り扱っています。

●石垣琢麿編 2017. 『臨床心理学（特集 レジリエンス）』17 巻（通巻101 号）金剛出版

　本章では，このなかから 2 本の論文を引用しました。レジリエンスに関する書物はいくつも出版されていますが，この雑誌の特集では基礎となる心理学と臨床実践の 2 つの分野から多面的にレジリエンスを捉えようとしています。

第9章

喪失を超えて

キーワード

精神力動的アプローチ，精神分析，抑圧，防衛機制，象徴，移行対象，個人的無意識，集団的無意識，元型，共依存，アダルト・チルドレン，喪失，悲嘆，死別，喪の仕事，二重過程モデル，喪失志向コーピング，回復志向コーピング，レジリエンスモデル，（心的）外傷後成長

1. あるはずのものがない！──茫　然

大切なものを忘れてきてしまった気がするアヤメ

　学生生活も順調に進み，成績もまずまず，アルバイトでは店長に頼りにされているアヤメだが，何かが足りない気がする。自分はとても大切なものをどこかへ置き忘れてきた気がしてならない。だけどその正体がわからない。誘われるままに賑やかなコンパや個別のイベントにも応じてみたけれど，あんまり楽しいとも思えないし，勝手に盛り上がっている男子の姿をみるとかえって冷めてしまう。「男子はみかけしかみていない」「ホントの自分を理解してくれる人は誰もいない」と感じるのだけれど，では「ホントの自分」って？　それがわからず傍目には笑顔で人づきあいがよいと思われているみたいだ。

　そんなアヤメが学生相談室に飛び込んできた。子どものときからカバンにつけていた子犬のアクセサリーが偶然すれ違った女子学生のバッグに引っ掛かって弾け飛んだ瞬間に「てめえ何しやがる！」と食ってかかりそうになって，自分でも慌てて相談室に駆け込んだとのこと。握り締めた子犬のアクセサリーを見つめながら，思い浮かぶままにカウンセラーの先生に話していくうちに自分の存在をそのまま認めてもらえた気がして泣きじゃくってしまった。なんだろう，この感覚は……。父と母の間柄がしっくりこなくて，いつも無邪気に明るく振舞っていた自分，どこにいてもそんな役割を演じるクセがついて，自分を何かの枠に押し込めていたのもかもしれない。そんな風に感じながら話していくうちに，「いい子」でいるために放置してきた空白が涙で満たされていくような気がした。カウンセラーからも「明日からはもうちょっと自分を表現してみよう」といってもらえ，一歩先へ進めそうな気がしている。

1-1. こころの構造

　みなさんもアヤメのように何かが足りないような感覚に囚われることがあるでしょうか。各発達段階を経て，何かを選びとっていまの自分がある，成長とは上乗せして自分を豊かにしていく側面ばかりではないのかもしれません。何かをそのままに置き去りにしてきた，あるいは何かを諦め，捨て去ることでいまの自分を成り立たせていると感じることもあるかもしれません。あるいはこころの深い部分に保存されているのだけれども，記憶に上がってこないで押し込められている何かが疼く場合もあるでしょうか。

　カウンセリングの大きな潮流の1つに**精神力動的アプローチ**がありますが，その根幹を成す**精神分析**では，人間のこころは意識と無意識からできあがっており，症状や問題行動を理解し解消していくためには無意識レベルまでを含めて解釈していく必要があることを説きました。人間が意識的に記憶できる容量には限界がありますから，多くの事柄は無意識レベルに忘却または抑圧されることになります。怒りや悲しいことをすべて意識下で抱えることはあまりにつらすぎてこころがもたないために**抑圧**という**防衛機制**が作動するという説明がなされています。

　精神分析は今日では古典的で科学的ではないとみなされることがありますが，人間理解の大きな枠組みを提供しており，その影響は文学や映画といった芸術領域にまで広く及んでいます。

　普段は人あたりのよいアヤメが子犬のアクセサリーが弾け飛んだ途端にまったく異なる表情をみせたのは，両親を懸命に結びつけようとしてきた「いい子」としての自分のあり方が限界にきていた時期と重なるからなのかもしれません。子犬は家庭における融和の**象徴**であり，またアヤメ自身でもあったといえるでしょうか。

　アヤメは思わず駆け込んだ相談室でカウンセラーに向かってほと

ばしるように話し続けることで，これまで言葉にできなかった父や母への不満やいい子であり続けるための窮屈さなど，無意識に抑圧してきた種々の思いを表現することができました。精神分析的には「煙突掃除」のように吐き出すカタルシスがなされたといってもいいでしょう。あるいはカウンセリングでいうところの「無意識の意識化」が生じて，回復・成長のプロセスを歩み始めたともいえるでしょうか。

　子犬のアクセサリーは，不安なときや孤独を感じた際に，アヤメをずっと支え続けてくれたものでもあります。だれにでもなぜか捨てられない，身近にあるとほっとする（スヌーピーの仲間ライナスが決して離さない安心毛布のような）何かがあるのではないでしょうか。心理学ではそのような所有物を**移行対象**と呼び，（母）親からの分離不安から守ってくれる作用をもつと考えます。心の拠り所を見失ってしまったように感じられた場合に，人は忘れ物をしたような感覚になるのかもしれません。初めから何かを「喪失」していたかもしれない状況にただ茫然と佇んでいるような心許なさにアヤメは必死に耐えていたように思われます。

1-2. こころの全体性

　無意識はきわめて個人的な内容で構成されていると想定されますが，フロイト門下から出立して独自の臨床理論を組み立てていったC.G.ユングによれば，人にはこのような**個人的無意識**とともにあらゆる文化・民族を通じて共通する**集団的無意識**というものが存在すると仮定されます。

　世界中の神話やお伽噺をひもといてみると，驚くほど共通のモチーフが扱われていたり，通底するテーマがあったりします。ユングはこれを**元型**（アーキタイプ）と称しました。たとえば人は社会に

向けた適応的な表の顔をもつ（ペルソナ）一方で，他者には覆い隠しておきたい影の部分（シャドウ）もあり，これに従えばアヤメは「いい子」でいなくてはならないという表の顔で過ごしていたところ，偶発的な出来事からこころに忍ばせていた影の部分が突出しそうになって混乱したという見方もできるでしょう。

　さらにカウンセリングを継続していくうちに，将来的に専門職に就く前段階として「ひとり暮らしをしたい」といったところ，優しく認めてくれると思った母親が鬼の形相で「この家から出て行くな！」と強烈に反対して自分を支配しようとしたこと（グレートマザー）が大きな心の傷になって，自分の女性性をどのように育て，どのような人間として社会に向かっていけばよいのか葛藤が絶えなかったことが語られました。

　このような物語は古今東西で繰り返し綴られてきたものかもしれません。意識的にはまだはっきりと捉えきれていなかった課題を無意識レベルでは感受しており，今回の出来事とカウンセリングによってアヤメはライフサイクルにおける大きな転換点にきていたことを理解し始めたと考えることができそうです。

💬 ここでいいたいこと！

- 成長は一方で喪失という側面を含んでいることに思いを至してみよう。
- 意識レベルのみならず，無意識の世界も想定しつつ，ジョハリの窓のようにこころの全体像から自分を振り返ることもあっていい。

2. あの人がいないっ！──悔　恨

大切な人が去って途方に暮れるアヤメ

　どこか「いい子」風情が抜けなかったアヤメも徐々に「好きなものはスキ」「嫌なことはイヤ」と自分の気持ちを率直に出せるようになってきた。そうすると，男女を問わず好かれるようになり，いつしか深く語りあえる恋人といっていい存在ができたのだった。留年していてお酒も飲みすぎるダメ男っぽいけど憎めない１つ年上の彼氏，そしてしっかり者のアヤメ。キャンパス内をいつも一緒に歩く姿は誰の目からも「公認カップル」と映り，磐石な関係のように思われていた。ところが交際が始まって１年近くが経ったある日，一方的に彼から別れを切り出され，アヤメは大混乱に陥ってしまう。久しぶりに訪れた相談室では「何がいけなかったのか，さっぱりわからないんです」とただ涙に暮れている。「何でも話して共有していこうといっていたのに……」とのことで，あたかも「こころの半分がえぐり取られてしまったみたい」な感覚になっていて，「何だか寒い，寒くてしようがないんです」と夏も近いのにコートを羽織ってただ震えている。

2-1. 依存と共依存

　大人になること，それはすなわち適度に人に頼れるようになることなのだと繰り返し記してきました。それなのに恋人として深い二者関係を結んだ際には，相手の存在が何よりも大切でかけがえのない大きなものとなり，日々その人なしでは考えられないものになります。第４章で取り上げたようにストーゲイ（友愛的な愛）が大勢となったようにみえる現在でも，関係が長く深くなるにつれてやはり単なる友達カップルではいられなくなり，どこかでマニア（熱狂的な愛）的な部分が強まり，相手を独占したくなったり自分の要求

コラム⑫

カウンセラーの数だけ理論と技法がある

　本章では「喪失」に関する研究・実践を引用するのみならず，フロイトやユングといった臨床心理学の黎明期を切り開いた先達の理論も援用しています。また第4章ではカウンセリングの基本姿勢を広く世界に発信したロジャーズについても触れていますし，ストレスマネジメントそのものが近年の認知行動療法の隆盛とも深く関わっています。そうすると，みなさんが学生相談室に訪れた際には「これから出会うカウンセラーは一体どのような理論に基づいた人なんだろう？」という疑問が生じるかもしれませんね。でも，ほとんどの場合，あらゆる学派・療法を学び，そのカウンセラーのなかで折衷統合していると考えて間違いありません。大学キャンパスで相談実践にあたっていると必然的に柔軟な対応を求められますので，1つの学派・療法にとどまっていることなどできないという状況もあります。古典的名著『現代臨床心理学』（コーチン，1980）によれば，学派・療法は大きく3つのアプローチに分類されます。

① 精神力動的アプローチ：精神分析を中心とする体系で問題の根本にある心の内界に焦点を当て，その変容（パーソナリティの再構成）を目指す。
② 行動論的アプローチ：行動療法を中心とする体系で問題となっている行動そのものに焦点を当て，科学的かつ理論的に段階的な変容を目指す。
③ 実存的・人間学的アプローチ：来談者中心療法を代表とする体系で本人の内在的な力（自己実現傾向）を自然な対話のなかで伸ばし回復を促す。

　その後に創出された新しい学派・療法も上記3種のいずれかに基づく，あるいはこれらの混合系と考えられますので，よほど特定の心理療法を受けたいというのでなければ，まずは安心して相談室のドアをノックしていただければと思います。

は当然聞いてもらえると過信したりといったことが生じるようです。

　そうすると，お互いの気持ちの大きさに差がある場合には，徐々に片方が相手の存在や言動を負担に感じ始めるかもしれません。アヤメはそのことに気がつかないままに今日も同じように一緒に歩けると信じ込んでいたがゆえの衝撃の大きさだったのでしょう。自分の存在と日々の生活はこの二者関係が前提となって成り立っていただけに，突然の離別はまさに「こころの半分がえぐり取られたよう」に感じられ，あまりにこころの傷が生々しかったために実際に震えが止まらないという身体表現にまでなってしまっていたのだと思われます。

　相談の場では，しばらくは守られた空間で温かい毛布に包まれるかのように，そして優しい温かい飲み物を口にしながら過ごすように勧めました。幸いにも，アヤメのことを遠巻きに心配していた同性の友人がキャンパス内でつきそってくれるようになったこと，そして自分のことを快く思っておらず「あんな男とつきあうからよ！」と批判めいたことをいうに違いないと思い込んでいた母親がただただ優しく抱き抱えるようにいたわってくれたことが彼女の大きな支えとなりました。

喪失からの回復モデル

喪失からの回復モデルとして，たとえばボウルビィ（1991）の4段階説では①無感覚と不信，②思慕と探求，③混乱と絶望，④再建，というプロセスが提示されています（そのほかにもいくつかモデルが提出されています）。喪失はきわめて個別性の高い事態ですので失ったものの実質や重さによって回復にかかる時間や必要なサポートは変わってきますが，このようなモデルが存在するということ自体が多くの先人たちがつらく苦しい喪失を乗り越えて，やがては新たな歩みを始めていけるという（自分と他者への）希望と信頼

を示してくれているのだともいえるでしょう。

　寄る辺なさと寒さしか感じられなかったアヤメも徐々に自分の感情と言葉を取り戻し始め，しだいに笑顔が浮かぶようになってきました。時に「いつか戻ってきてくれる」「でもいったいどうして？」と気持ちが揺れ動いたり，「あのときあんなこといわなければ」「自分の何がいけなかったんだろう」という後悔・悔恨が繰り返し押し寄せてくることもありましたが，やがて自分１人でも安定した心理状態を保ち，独立した個として振る舞えるようになっていきました。

喪失としての失恋
　恋愛は青年を支える大切なエネルギー源ですが，それだけに失ったときには大きな痛手を被ります。またどのような異性に魅かれるか・好きになるかについては，その人がこれまでにどのような人間関係を有していたかに大きく依拠するところがあります。アヤメが交際した相手はどことなく頼りない，だけど憎めない男子でした。しっかり者と自認していた彼女はこころのどこかで「ひとに必要とされることを必要としている」，すなわち**共依存**のような状態に入り込んでいたのかもしれません。他者に頼りにされることが自分の生き甲斐になることは誰にもあることですが，その心性を自覚しておかないとわざわざ傷つきやすい関係ばかり結んでしまう場合がないとはいえません。

　ある時期**アダルト・チルドレン**という用語が流布しましたが，元々は「アルコール依存の親をもつ子どもが結果的に同じような困難を抱えてしまう」（あるいは同じような特性をもつ異性を好きになる）傾向があるのではという臨床的な知見から提起されたものでした（斎藤，1996）。もちろん，あくまでも傾向であって，意志と知恵を活かすことで必ずや異なる人生を歩んでいけることを強調しておきたいと思います。

　また本節のエピソードでは女子学生（アヤメ）を想定しましたが，

社会心理学の知見では男女差を検討すると「別れの主導権は女性」にあり，むしろ「思慕を断ち切れないのは男性」という結果が示されています（松井，1993）。相談の現場からもかなりうなずけるところはあるのですが，やはり個別性が高いことですので，集団での傾向は参考にしつつも，各個人のこころの痛みを気遣い，寄り添っていく姿勢を大切にしていきたいものだと思います。

2-2. 私たちは何を喪失するのか

　本章の主題である「喪失」について，前節では「忘れ物」を，本節では「離別」を取り上げてきました。かなり重い言葉である**喪失**（loss）にも実は多様な側面があることを示したく思い，このような構成で記述しています。大事なアクセサリーをなくす，自分への信頼や評判が悪化する，大切な異性が目前から去っていく，ひとり暮らしで親元を離れる，けがや病気で身体の機能を失う，飼っていたペットが死んでしまう，などなど，学生生活のなかでも実にさまざまな喪失体験が生じる可能性があります。最近では，人気歌手の結婚や引退なども一種の喪失として話題になりました。

　総じていえば，喪失とは，物質的・社会的・心理的に，かつては自分の所有もしくは大切な一部であったものを失ってしまったと主観的に感じられていることを示す言葉となるでしょうか。とりわけ「主観的」で「感情的」な性質を帯びていること，すなわち「失われた対象が，個人的に思い入れのある何か」（坂口，2019）であることが，私たちを揺さぶることになります。数多くいるボーイフレンドの1人であれば，アヤメもこれほどまでに影響を受けることはなかったかもしれません。同じように小さな子犬のアクセサリーも，他の人からみたら何の変哲もない古びた小物にみえてしまうかもしれませんが，当人にとってはかけがえのない大切な守り神であった

のでしょう。

　それだけ大きな感情を向けてきた対象を喪失した場合，生じる**悲嘆**（grief）もまたとても大きく容易ならざる事態に陥ることになります。悲嘆反応は4種に大別すると（坂口, 2019），①感情的反応（悲しみ，怒り・いらだち，不安・恐怖，罪悪感，絶望，孤独感，喪失感など），②認知的反応（否認，非現実感，無力感，記憶力・集中力の低下など），③行動的反応（疲労，泣く，動揺・緊張，引きこもり，探索行動など），④生理的・身体的反応（食欲不振，睡眠障害，活力の喪失，免疫機能の低下など）と整理されます。

　人は大切な支えを失うと，ありとあらゆる側面に影響が及ぶのだということを改めて思います。もちろん個人差が大きいものですし，周囲の状況や環境要因（とりわけソーシャル・サポートの有無）によっても様相は異なってきます。そして時間とともに移り変わっていくものでもあります。ただし他者が「もうこれだけ時間が経過したのだから，そろそろ忘れなさい」と無神経に立ち直りを強要するような応対は厳に戒めたいものです。「時の流れが癒してくれる」のは一方の真実なのですが，その時間の流れ方自体が喪失体験によって変質している場合もしばしばみられることですから。

😑 ここでいいたいこと！

- 大きな喪失体験である失恋に際して自分のあり方が揺らぎすぎないよう，適切な他者依存に基づく自立したあり方を確立していこう。
- 喪失やこれに伴う悲嘆反応には多様なものがあることにも留意しておきたい。

3. あの人がいてくれたからこそ──絶望と希望

大切な人の逝去と向きあって生きるアヤメ

　サークルにアルバイトにと忙しい日々を送るアヤメ，もちろん学業にも抜かりがない。専門分野で学ぶ内容も自分にフィットしている気がして，つい図書館で調べ物をしていると終電近くになってしまうことも。いけない，早く帰らなくっちゃ……，心配性だったお母さん，私はもう大丈夫だからね。学生時代の前半はいろいろあったけれど，やっぱり母は自分のことを大事に思ってくれているんだと思えたことで，いま自分は頑張れている。「アヤメちゃんはどんな仕事に就くのかしらねー」と楽しみにしていた母が亡くなって半年，すっかり元気がなくなってしまった父を思うと自宅から通える職場がよいのだろうとは思うけれど，自分の夢もしっかり追っていきたい気がする。それにしても，母の病気のあまりに早い進行に家族は戸惑い，悲しみに暮れるばかりだったけど，自分の病状を受け容れ，家族にもこころの準備を促したように思える母は立派だったなと思う。もちろん，ぜんぜん時間は足りなかったのだけど……。

3-1. 悲しみを超えていくプロセス

喪の仕事　さて，喪失のなかでも最も深刻で辛いものが，家族や親友など最も身近な関係にある人との**死別**であることはいうまでもありません。アヤメはようやく和解できたように感じられた母親を急病で失うこととなり，運命の理不尽さに叫びたくなったり，自分がもっといい娘だったらこんなことにならなかったのだろうかと自分を責めたりもしました。

　フロイトのいう**喪の仕事**は，愛する故人に対するさまざまな感情体験を通じて喪失に対する断念と受容に至る営みの重要性を示して

表 9−1　問題のある悲嘆反応

慢性悲嘆・遷延性悲嘆	悲嘆が極端に長く続き，十分な喪の終演が訪れない状態。
遅れた悲嘆反応	喪失時には十分に悲しめず，後になって悲嘆が表出される場合。
悪化した悲嘆反応	悲嘆反応が極端に強く，苦しさに圧倒されたり，不適応行動に訴えたりする。ただし，自分の行動が喪失に関係しているとは気づいている。
仮面性悲嘆反応	ある種の症状や行動に困っているが，それが喪失に関係しているとは考えていない。
喪失の状況によって困難を伴う悲嘆反応	中絶や自殺など公になりづらく，社会的に正当性が認められにくい喪失に伴う「公認されない悲嘆」。あるいは生死がはっきりしない場合のような「あいまいな喪失」が生じた場合に，喪失を受け入れられず，喪の仕事にも大きな困難を伴うことがある。

（出典）　杉山（2017）より作成。

います。そのプロセスを支えるために，社会的には（同時に文化的・宗教的にも）悲しみを公的に表明しうる場としての儀式が用意され，ある枠組みを用意することで問題のある悲嘆反応（**表 9−1**）に陥らないようにする機能を果たします。故人を偲び，しっかりと悲しみ嘆くことはとても重要なことといえるでしょう。

　時に「セレモニーの場で泣けなかった。なんて自分はひどいヤツなんだろう……」と相談の場で訴える学生もいますが，それはまだ悲嘆に暮れるに適した時期ではなかった，あるいは周りの環境や誰かを気遣って十分に悲しみを表明することが難しかったなどの状況がありえますので，自分を責める必要はまったくありません。

　カウンセリングの現場でも，重大な喪失を体験した場合の早期の対応については，慎重かつ温かい見守りと支持的な対応は必須となりますが，悲嘆そのものに積極的に焦点を当てた介入は避けるべきという見解が大勢となっており，悲嘆の自然な緩和を旨としつつ臨んでいます（コラム⑪の「サイコロジカル・ファーストエイド」と基本的に重なります）。

死と向きあう　　学生相談室では，時に，事故や自死などで突然目の前から友人や先輩・後輩，あるいは教職員が亡くなる事態に対応する場合が生じます。その際には「いつでも相談に来てくださいね」というメッセージを届ける一方で，ムリに自己開示を強要するようなことにならないよう周囲の人々にも依頼します。そして要望や状況に応じて個別に，時に小グループで，「突然身近なひとを亡くした方へ」伝えたい内容として，生じがちな悲嘆反応や感情状態，そしていま現在の学生生活の過ごし方，おおよその今後の道程を簡略に説明することがあります。

　要するに，このつらく悲しい事態への対処（コーピング）方法を提示するわけですが，その方略は**二重過程モデル**（Stroebe & Schut, 1999）に沿う内容といってよく，死別に伴う２種のストレッサーを想定します。１つには「大切な人の死」そのもの，もう１つは死という事実によってもたらされる日常生活や今後の人生の変化，すなわち「二次的結果として生じる変化」です。前者に対しては**喪失志向コーピング**が，後者に対しては**回復志向コーピング**が適用されることになります。同時に双方に取り組むことは容易ではないため，あるときには喪失の現実に向きあって感情的に整理する作業に取り組み，あるときにはいま対応すべき仕事や学業・家事といった生活上の課題に取り組む，といった具合に，この２つのコーピングの間で揺らぎ，行ったり来たりしながら，回復に向かっていくことになります。

　そして時間の経過とともに回復志向コーピングの占める割合が高くなっていきます。つまり，喪失や悲嘆の作業を完全にクリアしなくては先へ進めないということではなく，生活や人生は着実かつ否応なく進んでいくものであり，可能な限り仕事や学業・家事，さらには趣味的な活動も含めてこなしていくことで，より安全に回復の

道程を歩んでいくことができるという臨床的知見に基づいています。

3-2. 離別に耐えるちから

さまざまな喪失　この世の中は素晴らしい出来事や喜び，そして出会いに満ちていると思います。しかし一方で，この世の中はあらゆる悲しみと離別にあふれているということも一方の真実であろうかと思います。

　ひと言に「喪失」と称しても，実にさまざまな形態と事象がありえるので，時に目をそむけたくなるときもあるかもしれません。文献を見渡しても「予期せぬ喪失」（突然死・事故・災害など），「公認されない悲嘆」（流産・死産など），「あいまいな喪失」（行方不明・認知症），「選択した喪失」（安楽死・中絶・自主避難など），「強いられた喪失」（多くの死別；特に自死・事件），といった用語や例が挙げられています（坂口，2019 など）。さらには，心理的で個人の内面における「実体のない喪失」もあれば，身体機能の衰えなどの「気づかない喪失」もありえます。

希望への道筋　1つひとつの出来事を想像するといたたまれなくなりますが，時にこの現実と向かいあい，そのうえでいかに悲しみに沈む人々を援助していけるか，そして望ましい社会のあり方とはどのようなものであるのかを考察していくことは，高等教育を受ける機会に恵まれたみなさんの責務といってもよいかもしれません。

　決して軽々しく結論づけてはならないことですが，希望につながる道筋もいくつか存在することは，私たちをおおいに励ましてくれます。1つには回復過程を重視する**レジリエンスモデル**が提唱され，喪失などの困難な状況を跳ね返す復元力を有するためには，積極的かつ柔軟な対処様式をもち，ユーモアや楽観主義などの前向きな姿

勢を保持することの意義が改めて強調されています。

　その意味で，各章のこころの柔らかワーク，みなさんはいかがだったでしょうか。これらの内容は，序章**表序−3**のストレスへの対処方法やアクティブ・ヒーリングの指向性とも重なるものです。

喪失を超えて　そしてさらに重みをもつ事実として，深刻な危機や悲劇的な体験に直面した人々が，しばしば人間的な成長を果たしていくことがあるという点を記しておきたいと思います。近年，（**心的**）**外傷後成長**と称されるようになったもので，他者への感謝と自分の新たな可能性に拓かれていき，人間としての強さ（人間の弱さを思い知らされたがゆえのしなやかな強さ）を身につけ，価値観や精神性などのスピリチュアルな側面への関心から人生への感謝や洞察が深まる，といった変化がみられる場合があるといわれます。

　もちろんこれらは結果的に生じる変化であって，決して望んだ体験ではないことはいうまでもありませんし，誰もがそのように変化するものと決めつけてもいけません。それでも，つらく厳しい喪失体験を経て，このような道程を歩んでいく人々がいることに深く敬意を表したいと思いますし，人間の可能性と未来への希望を提示していることに感謝の思いを抱きます。

　最後に，私たちは支え，支えられる関係をもつことで，すなわち支援ネットワークを構築することで，日々を安心して生き，明日を見渡していくことができるのだということを記しておきたいと思います。みなさんの学生生活の舞台であるキャンパスが，支え・支えられる関係で満たされていくよう，筆者をはじめとする教職員も微力を尽くしていきます。

🗨 ここでいいたいこと！

● 何より悲しい近親者や友人などとの死別に対しては「喪失志向」と「回復志向」の2つのアプローチから緩やかに歩みを始めていきたい。

● 「レジリエンス」「（心的）外傷後成長」といった人生の先達が示してきた体験的知見に希望を見出していこう。

・・・・・・・・・ こころの 柔らか ワーク ・・・・・・・

サンタクロースを信じていたのは何歳まで？

　サンタクロースの存在を，何歳まで信じていましたか。そして実際を知ったときの気持ちを思い起こして記してみてください。

・・・・・・・・・・・・・・・・・・・・・・・・・・・・・・

📖 ブックガイド

● 姜尚中 2014.『心の力』集英社
　夏目漱石の『こころ』をもとに「この世に生きる者はみな誰かに先立たれた存在」「死にゆく人々はみな先生」という認識から現代の生を綴った書です。同著者による『悩む力』（2008，集英社）とともに「悩みを手離すことなく真の強さを」というメッセージが届きます。

● デーケン，A. 2012.『心を癒す言葉の花束』集英社
　日本の大学で長く教鞭を取り，よりよく生きることを目指して日本に死生学を根づかせた著者が選んだ名言と解説です。母国語のドイツ語では「別れる」を「別れを受け取る」と表現する，すなわち失うだけのものではないという前書きからぐっときます。

● 坂口幸弘 2019.『喪失学──「ロス」後をどう生きるか？』光文社
　死生学・悲嘆学を専門にしている著者が，内外の関連研究を整理して提示するとともに，自身の実践に基づく体験的知見も加味して，この領域の現在地を紹介しています。

第10章

将来どうする？

キーワード

就職，やりたいこと，社会，キャリア教育，大学
で学ぶ態度，留学，キャリアサポート，リアリテ
ィショック，インターンシップ，マインドフルネ
ス

1. 大学のその先

就職活動に悩むユウカ

「末筆ながら，貴殿の今後益々のご活躍をお祈り申し上げます」。

「また『お祈りメール』か。いやんなっちゃう！」。ユウカの就職活動は始まったばかりだが，連戦連敗中。自分は本当に就職できるのだろうかという不安も大きくなってきた。ユウカは，働くのは大きな，有名な会社でなくてもいいと思っているから，応募しているのは小さなところがほとんどだし，給料も高くなくてもいい。しかし彼女は，「クリエイティブな仕事がしたい」と強く希望してきたので，そういう部署で自分を生かしたいと面接でも常々主張してきた。それに彼女は，自分のクリエイティビティを証明できるよう学生時代を通して活動もしてきた。しかし，相当の自信をもって就活に臨んだのにこの始末。大学のキャリアサポート室にも相談して，「まだ始まったばかりなので，もう少し視野を広げて探そう」と助言されたが，自分としてはやりたい仕事以外を命ぜられても意欲が出ないかもしれないし，うまくやれる自信がない，と思ってしまう。

筆者が専門としている臨床心理学や精神医学は，一般の就職には役立ちませんが，学生から社会人になるという心理社会的変化に関して専門領域から助言できないわけではありません。就活や就職に限らず，この先，自分の将来に関するストレスが増えてきたとき，本章に立ち返ってもらえればありがたいと思います。

2. 仕事に就くとはどういうこと？

筆者は精神科医としてクリニックでも診療しており，まれに入社1，2年目くらいの若い社会人が会社への不適応感を訴えて受診し

ます。ストレスに基づく抑うつ感や強い緊張感なので診断名はほとんどが適応障害ですが，原因は大きく2つに分けることができます。1つは会社が「ブラック企業」だったというケース。もう1つは会社や上司の意向や雰囲気にうまく合わせられないと感じているケース。両方のケースとも，入社して（あるいは，研修が終わっていまの部署に配属されて）初めてわかったといいます。

　従業員の過労死も気にしないようなブラック企業はどうしようもないのですが，後者はどうでしょう。このケースは，大学までは地元で生活していて，就職で転居して単身生活を送っている人が多い印象です（東京や大阪のような大都会が地元で地方都市に転居することも，その逆もあります）。

　このなかには，上司の言動がパワー・ハラスメント的で，それを許容している会社の雰囲気が問題だという場合と，ハラスメントではなくても社員の不適応感が高まる要素を会社がもっている場合とがあります。その要素とは，たとえば，営業成績を激しく競わせるとか，入社まもなくでも比較的重い責任を負わせるとかという会社の方針を挙げることができます。こうした会社の方針は，人によってはとてもやりがいのあることですし，そういう社風を気に入って入社する人も大勢いるはずですが，実際にその集団に入って初めて，どうしても合わないと感じる人もいます。また，知らない土地に転居するような職場以外の環境変化もストレスに耐えられない理由の1つになるかもしれません。直に会って相談できる相手も職場以外の友人もおらず孤立してしまうと，会社の方針も自分が置かれた立場も悪いほうにしか考えられなくなります。

　本章では，まず**就職**に関するさまざまな視点を紹介します。次に，大学で利用できることを挙げます。最後に，実際の就職活動（就活）について筆者が考える注意点を述べます。

職業適性検査

いろいろな就活サイトで，職業適性検査をインターネット上で簡単に実施してくれます。職業選択にとってある程度参考になりますが，次のことに注意してください。

① 検査の向き不向き

労働政策研究・研修機構によるキャリアガイダンスシステム「キャリア・インサイト」（https://www.jil.go.jp/institute/seika/careerinsites/05_target/index.html；2020 年アクセス）では，次のような人が職業適性検査を利用すると有効だとしています。

・どのような仕事に就いたらいいかわからないなど，職種の絞り込みができていない人
・応募職種に一貫性のない人
・職種を絞り込み過ぎていて，選択すべき範囲が狭まっている人
・現職での適性に迷いがある人
・自己理解，職業理解が十分でない人（特に新卒者に多い）
・同じような職種に応募し続けているが，なかなか採用に結びつかない人
・もともとの性格や緊張などからあまり流暢に話せないタイプの人や言葉の少ない人

つまり，妥当で信頼できる検査は対象者の範囲がある程度決まっており，誰が受けても役に立つものではないことを忘れないでください。

② 検査の信頼性

一般に心理検査というのは，妥当性と信頼性が確立されていて，その作成プロセスや，データが公開されているものでなければ結果を信用することはできません（詳しくは心理学か統計学のテキストで調べてみてください）。「数万人のデータから導かれた」と銘打た

れた検査もありますが，データの数が多いだけで信頼性が高くなるわけではありません。

③ 古い検査はいまでも使えるか

　同じ職種でも時代によって業務内容や職場環境が変わります。現代のように移り変わりのスピードが激しい時代では，数年前に開発された検査でも妥当性が低くなる可能性があることを忘れないでください。

④ 専門家を頼ろう

　心理検査は結果が数値で出されるのでわかりやすいのですが，結果の判断を自分だけで独自に行うのは危険です。キャリア指導を専門とするアドバイザーやカウンセラーの助言が必要です。

⑤ あくまで参考に

　妥当で信頼できる検査であっても，「私は芸術家に向いていると自分では思っていたのに，銀行員のほうが向いているらしい」というような，あなたがこれまでに自分自身について抱いていたイメージとかけ離れた結果は出ないでしょう。自分を客観視するためのツールの1つ，くらいに考えておくことをお勧めします。

2-1. 心理学からの視点

　心理学で，就職や仕事に関するテーマを扱う分野を産業・組織心理学とよび，そのなかには人事心理学，組織心理学，人間工学心理学などが含まれます。マイヤーズ（2015）は人事を考えるうえでは，その人の強みが活かされているか，達成動機づけや満足度が高いか，などが重要だとしています。

　青年心理学を専門とする浦上昌則は，就職における注意点を，①報酬を考慮に入れて職業を選んでいるか，②個性を生かすことができているか，③社会の構成員として分担する役割を果たしているか，の3点にまとめています（浦上，2014）。以下，順にみていきましょう。

報酬を考慮に入れて職業を選んでいるか

職業は，収入さえ多ければよいというものではなく，就職してから先の生活を視野に入れて選ぶ必要があります。こうした長期的視野をもつ人が職業に関して成長・成熟した人だと心理学的には考えられます。

しかし，青年が職業を選ぶ際に，収入はどの程度意識されているでしょう。10年前の調査ですが，内閣府による「第8回世界青年意識調査」（2009）では次のような結果が報告されています（複数回答可のアンケートです）。日本人の青年が仕事を選ぶ際に重視することは，「仕事内容」が69.3％で最も高く，以下「収入」（67.8％），「職場の雰囲気」（58.6％），「労働時間」（46.2％），「自分を生かすこと」（40.8％），「通勤の便」（38.8％）の順となっています。収入は2番目ですが，5カ国比較でみると，日本以外の4カ国では「収入」が最も重視されています（アメリカ88.7％，韓国82.7％，イギリス81.4％，フランス76.8％）。次いで，韓国では「将来性」（49.8％）が，アメリカとイギリスでは「労働時間」（アメリカ73.9％，イギリス65.2％）が，フランスでは「仕事内容」（48.4％）が，それぞれ重視されています。こうした青年の意識の違いが国による職業選択の違いに影響を及ぼしているかもしれません。

心理学的なキャリア研究でも，お金や金銭感覚に注目したものは少ないのが実情で，日本の若者の志向と就職や労働がどのように関連しているかはよくわかっていませんが，収入と支出のあり方について真剣に考えることは生活の現実的基盤を考えることでもあり，その人にとっての自律的な生活を考えるために必須の作業だといえます。

**個性を生かすこと
ができているか**
　心理学的には，自己理解と職業理解，およびそれらの適切な結びつきが徐々に深まり，個人的にも社会的にも適切なマッチングがなされるというプロセスが望ましいと考えられています。

　ここで**やりたいこと**というキーワードが登場します。もちろん，「やりたいこと」が職業になれば素晴らしいことです。しかし，「やりたいこと志向」が強く，過剰な自分探しを行うと，逆に社会のなかの自分の位置を見出すことができず，就職の弊害になってしまいます。ユウカの例もそのひとつです。先に挙げた「世界青年意識調査」では，日本の青年は職業選択の際に「仕事内容」を最も重視するという結果になっています。調査項目の「仕事内容」と「やりたいこと」は同じ意味ではないかもしれませんが，この結果は日本の青年の強い「やりたいこと志向」を示しているかもしれません。

　自分の「やりたいこと」を考えること自体は，自己洞察を深める意味でも大切です。しかし，自分の現在の希望や，将来の目標を出発点として社会に参入しようとする「インサイド・アウト」の傾向，つまり自分を基準にして職業とのマッチングをしたいという欲求や，そうすべきであるという規範が強すぎると，職業に関する成長・成熟にとって望ましいことではないと考えられます。社会を基準にした意識，あるいは社会に選んでもらうという意識も大切だということです。

**社会の構成員とし
て分担する役割を
果たしているか**
　これは，社会における職業の意義，意味を理解し，実践していくことを意味します。そのためには**社会**というものの理解が不可欠なのですが，日本人は社会の認識があまりできていないといわれています。日本では学生以外の人が収入を得ていれば，何となく社会人と呼ばれてしまいます。しかし，それは本当の意味での社会人

ではありません。社会人とは，社会と交わり，社会についてしっかり考える人のことです。

学生時代に社会に対する幅広く柔軟な視点を育むことが，就職に際しても役立ちます。社会を考えるということは，自分と他者，自分が属する集団とその他の集団，自分が住む地域と日本全体，日本とアジア・世界，というように視野を広げたり狭めたりして，自分と自分を取り巻く環境の相互作用を考えたり，自分と環境とを相対化して眺める訓練を行うことです。

そのなかで，みなさんが希望する仕事がどのような意義や役割をもっているかを考えてください。このように捉えれば，大学を卒業した瞬間から社会人になることは難しく，長い年月をかけて社会人になるのだといってもよいでしょう。

先に挙げた内閣府による「第8回世界青年意識調査」では，「仕事の社会的意義」が2003年の第7回調査では9.6％でしたが，第8回では15.6％とかなり増えていることが注目に値します。もちろん全体に占める割合はまだ少ないのですが，この割合はアメリカに次いで多く，職業と社会との関係を意識する日本の若者が増えていることをうかがわせます。この傾向がさらに増すことが望まれています。

2-2. 大学や社会人からの視点

ここでは心理学から離れて，社会人である大学の教職員やコンサルタントからの意見をみてみましょう。

キャリア教育　大学では2000年代に入ってから**キャリア教育**に力を入れるようになってきました。児美川（2013）によると，キャリアとは「これまでの，そしてこれからの人生の履歴」です。20世紀の日本では，その是非はともかく，

模範のような生き方があり，それは状況によって変わらない不動の
ものとして考えられていました。

　しかし，現代のキャリア教育は，「変化が激しい社会に漕ぎ出し，
そこで自らのキャリアを築いていくための準備教育」ですから，職
業選択や適性のみを検討するものではありません。こうした「変化
への適応力」をあえて教育しなければならなくなったのは，世界的
に社会や経済が大きく流動化して，キャリアが予測不可能になった
ためです。現状のデータを入力した場合，高校新入学生100人の
うち，大学を含む高等教育を修了してその後3年間就労を継続して
いる人（ストレーター）は41人しかいないというシミュレーション
もあります（児美川，2013）。

好きなことや得意
なことはわからない　一方，コンサルタント会社で長く活躍して
いる山口（2019）は，「多くのキャリア論
で『好きなこと』×『得意なこと』で仕事
を選べと言われてきたが，結局は，ある職業が求めるスキルやコン
ピテンシー（能力）について外から理解するのは難しく，実際にそ
の仕事に就いていろいろ試行錯誤しないとわからない」といってい
ます。ということは，学生時代にスキルを磨き，いろいろ経験した
うえで，「よい偶然」を味方につけて，どこかに選んでもらうのを
待つしかないということになります。

　しかしながら，現場に出てからの柔軟性や適応力（「試行錯誤力」
と呼んでもよいかもしれません）を学生時代から準備しておくことは
大切でしょう。自分にとって「よい偶然」を呼び込み，キャリア形
成を育むこうした力について山口は，アメリカの教育学者・心理学
者であるJ. D. クランボルツの研究に基づき，好奇心，粘り強さ，
柔軟性，楽観性，リスクテーク（積極性）の5つのポイントを挙げ
ています。

**結局なにが
重要なのか**

キャリア教育の専門家もコンサルティングのベテランもおしなべて「執拗な自分探しや，やりたいこと探しはやめろ」と忠告しています。結局は，これまでに説明したような正攻法しかなく，一朝一夕に身につくものでも，すぐに答えが出せるものでもありません。みなさんが4年間かけてじっくり検討すべき課題なのです。

また，「就活に役立つような目覚ましい活動を何もしてこなかった」と嘆いている学生をときどきみかけますが，この嘆きはある種の思い込みに基づいています。企業のベテラン人事担当者を驚かせるほど珍しい体験や目覚ましい活動など，ほとんどの大学生はしたことがありません。大切なのは，ある体験（日常的な体験でも構いません）から何を引き出したか，どこまで深く掘り下げたか，が重要なのです。

3. 将来のために──大学で利用できること

3-1. 文系の勉強・研究

　理系の勉強・研究は就職や仕事に直結することも多く，研究を深めるために修士課程まで進学する人も多いでしょう。しかし，「大学での勉強なんて社会では役に立たないよ」とうそぶく文系の社会人はいまでもたくさんいます。たしかに，日本古典文学や哲学の深い知識のような教養が社会で求められることはほとんどないかもしれませんが，大学で学ぶ態度は，理系はもちろん文系でも役に立ちます。

　大学で学ぶ態度とは，問題意識の明確化，計画立案，調査（実験），分析，考察，レポートのまとめとそれに対する他者からの評価（フィードバック），という一連の「作業」のことです。仕事内容によっ

194　第10章　将来どうする？

て必要とされる作業項目は多少異なりますが，社会におけるすべて
の仕事はこれらの作業の積み重ねなのです。つまり，大学の授業で
はからだを使ってこそあとで有益性がわかる，ということです。

　なかでも問題意識の明確化，つまり「自分が何を問題だと考えて
いて，何をしたいのかを相手にはっきりわかってもらう」という最
初の部分は，すべての仕事で常に求められています。また，問題意
識を高めるには，物事を常識だけで考えずに，常に別の視点，新し
い視点はないかと探す態度が必須です。大学の授業から知識を得て
教養を深めることは，その視点を増やしてくれます。

🗨 ここでいいたいこと！

● 「自分が何を問題だと考えていて，何をしたいのかを相手にわ
　かってもらう作業」は社会に出てからも重要となる。
● 高校時代どんなに優秀だった人でもこの力は大学入学時点では
　身についていないため，これを身につけ，伸ばすために大学4
　年間を利用しよう。

3-2. 留学・キャリアサポート・インターンシップ

留　学

　　　　　　　　最近は大学が**留学**，特に短期留学を勧めた
　　　　　　　　り，コーディネートしたりすることが増え
ました。こうした機会は大切にしたほうがよいと思います。感受性
が豊かな学生時代でなければ体験できないことも多いでしょうし，
帰国してからさまざまな活動のモチベーションが上がるかもしれま
せん。

　一方で，長期に留学したり，外国の大学を卒業したりすれば，就
職と具体的に関係してきます。そういう人が日本を出て外国で働い
たり，海外に派遣されたりすることになれば，長期的なキャリア形

成とも関係します。外国での長期留学経験のある人は，日本の企業でも国際部などと呼ばれる部署に配属されることが多いようです。ただし，企業が注目するのは，なぜそこに留学しようと考えたかと，何を身につけたかです。ただ単に「日本が嫌だったので外国で単位を取りました」では留学のアドバンテージはまったくありません。日本にいても TOEFL や TOEIC の点数がきわめて高ければ，そちらのほうが高く評価されるかもしれません。

　最近の日本の大学は留学生の受け入れにも積極的になっています。みなさんの世代は筆者の世代よりも自分の大学で外国人に会う機会が増えていることは間違いありません。みなさん自身が留学しなくても，日本にいながら外国の文化や風習に出会う機会が増えているのですから，利用しない手はありません。ぜひとも留学生と交流してください。

キャリアサポート　キャリア形成の相談をする部署である**キャリアサポート**室を設置している大学が増えました。そこが留学プログラムを実施していることもあります。大学によってキャリアサポートのありかたはさまざまなので，まずは自分の大学のキャリアサポート室がどのような活動をしているのか，実際に訪れて確認しましょう。

インターンシップ　仕事や就職に関する情報はインターネットや書籍によって巷にあふれています。しかし，就職前と実際に就職してからはどうしてもギャップが生じます。これを**リアリティショック**と呼びます。先に述べた山口（2019）による「5つのポイント」や，第8章で述べたレジリエンス（回復力）が身についていれば，リアリティショックを弱めたり期間を短くしたりできるでしょう。

　リアリティショックへの事前の対策として，職場体験や**インター**

ンシップ（以下，インターンと記します）は重要です。現在では，中学生から職場体験が行われることが増えていますが，社会に出る意識が高まった大学生がインターンに参加することには，企業研究，職業イメージの形成，モチベーションの向上などにつながり，意義があるといわれています。インターンもキャリアサポート室が管轄していることがありますから事前に調べてください。

ただし，インターンはよいことばかりではありません。企業側が学生の囲い込み（青田買い）を目的としたり，学生を安価な労働力と捉えたりしている場合もあります。また，参加する各学生が参加目的を明確にしていなければ，かえってその企業や仕事に対する誤解が生じる恐れがあります。

4. 就活にどう取り組むか？

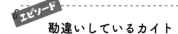

勘違いしているカイト

　いまは2月。カイトは経済学部の2年生で，期末試験も終わり，3年生からの就職活動に備えようとしている。これまでの授業は自分の興味や関心には関係なく，先輩から単位が取りやすいと聞いたものだけにしてきたから，かなり楽勝だった。どうせ役に立たないんだから，大学でまじめに勉強する気はさらさらない。語学や資格のための勉強もめんどうくさい。その道のハウツーを完璧に覚えさえすれば，世の中で自分の希望を通すことができると信じている。彼は商社への就職を希望しているが，理由は「何となくかっこいい」と思ったから。父は地方銀行に勤めているがどういう仕事内容なのか聞いたことはない。とにかく地味な人で，あんなふうにはなりたくないとカイトは思っている。だから，万人に受けがよい派手な仕事，あるいは誰でも知っている会社に入りたい。やっぱりコミュ力は大切だろうと，それに関す

る本も読み，商社への就職に有利だといわれているサークルにも顔を出している。「この会社で自分をどう生かすか説明してください」と面接者から問われると聞いたので，就職マニュアル本に書いてある通りの流れで，会社分析，自己分析，プレゼンを練習している。自分では人間関係に積極的でコミュ力もアップしていると思っているが，「チャラ男」だという評判もどこからか聞こえてくる。あるとき，サークル出身の社会人の先輩が面接の練習をしてあげようといってくれた。自分ではかなり自信があったのだが，その先輩から「君はいろんなことをものすごく勘違いしているな」と厳しくいわれて驚いてしまった。これまでの自分のやり方の何が間違っていたのか？ いわれた通りにやってきたのに，と頭が混乱してしまっている。

- -

　ここまで読み進んだみなさんは，カイトの何が問題なのかわかるはずです。カイトは自分で考えることをせず，情報に振り回され，苦労や努力を馬鹿にして，間違った「コミュ力」を大切だと思い込んでいる。就活以前に社会人になる準備すらできていないでしょう。

　これまで述べてきたように，勉強・研究，友人との交流，アルバイトやインターンのような労働体験，サークルや余暇活動など，大学時代の体験に対して，真剣に，かつ謙虚に立ち向かえば，みなさんは必ず成長し，自己理解が深まります。これらすべてが広い意味での就活です。また，ある時点で職業適性検査を受けて，その結果を（鵜呑みにせず）参考にすることにも意味があります。

　最近では，昭和時代のような終身雇用制度を採用する会社は減ってきており，IT業界のように転職によるキャリアアップが当然になっている業種もあります。また，働いて初めてわかる自分の希望や能力もたくさんあるでしょうから，大学生時代には考えもつかなった仕事に転職することもありえます。転職する場合は，その分野で十分なスキルを身につけていることが大切なのは当然ですが，好

マインドフルネス

　詳しい説明は専門書を読んでいただきたいのですが，ここでは伊藤（2016）から概略を引用させてもらいます。就活だけでなく心が疲れたとき，取り組んでみましょう。

◎「自分の体験を，ありのままに気づき，受け止める」ためには，自分の体験に巻き込まれず，自分の体験をみることができる「もう1人の自分」をつくる必要があります。

◎「もう1人の自分」は，自分の体験を，興味をもって，優しいまなざしで観察します。決して突き放したり，厳しい目つきで眺めたりはしません。

◎「もう1人の自分」が観察した自分の体験を，一切否定したり，評価したりしません。その体験がポジティブなものであろうと，ネガティブなものであろうと，その体験を「あるがまま」に受け止め，受け入れます。

◎自分の体験はいっさいコントロールしようとしません。「ポジティブな体験は長引かせたい」「ネガティブな体験は終わらせたい」と思うのが人情ですが，ただそのまま受け止め，受け入れます。

◎もちろん「ポジティブな体験は長引かせたい」「ネガティブな体験は終わらせたい」という思いに気づいたら，その思い自体も否定せず，「ふーん，そう思っちゃったんだねー」とそのまま受け止めるということです。

◎つまり自分のすべての体験に対して，いっさいのコントロールを手放し，興味関心をもって受け止め，味わい，どんな体験もそのうちに消えていきますから（「消す」のではなく「消える」のです），消えるにまかせてさよならをする，というのがマインドフルネスです。

奇心，粘り強さ，柔軟性，楽観性，リスクテークという，最初の就活で必要とされるファクターも相変わらず必要とされるでしょう。

　誰にとっても就活（転職）はストレスであることに変わりありません。最近は，**マインドフルネス**という言葉が臨床心理だけでなく一般にも広がっています。簡単にいうと，抑うつや不安のようなネガティブな感情で苛まれている自分を「丸ごと大切にする」という態度のことで，問題にとらわれてしまっている自分を客観視することにもつながります。具体的にはコラム⑭を参照してください。

・・・・・・・・　**こころ の 柔らか ワーク**　・・・・・・

「仕事」への視野をひろげてみよう

　あなたがこれまでまったく知らなかった仕事や職業について調べてみましょう。できる限り多様な分野を探索してください。

・・・・・・・・・・・・・・・・・・・・・・・

📘 ブックガイド

●**朝日新聞社編 2009.『仕事力』〔白版，青版〕〔金版：2010〕朝日新聞社**
　　2005 年ごろから始まった新聞連載が基になっているので故人のインタビューもありますが，さまざまな方面のエキスパートが「仕事とは何か」について語る内容は，エバーグリーン（不朽）ではないかと思います。

●**ロスリング, H.・ロスリング, O.・アンナ ロスリング, R.（上杉周作・関美和訳）2019.『FACTFULNESS（ファクトフルネス）──10 の思い込みを乗り越え，データを基に世界を正しく見る習慣』日経 BP 社**
　　就活にもキャリア形成にも関係ない書籍をブックガイドに選んで恐縮ですが，みなさんのこれからの生活にとってとても役に立つ本です。私たちは社会や世界を本当に知らないのだという気づきに加えて，私たちがもっている強い思い込みにも気づかせてくれます。

支えあう関係へ

キーワード

Iメッセージ，相槌，反射，繰り返し，言い換え，
要約，非言語情報，FELOR モデル，プライバシ
ー，援助要請行動，自己スティグマ，病的な依存，
適応的な依存，援助資源，アサーション，ピアサ
ポート活動

1. 人を支える

エピソード

カズコの様子が気になるアサコ

人文学部3年生のアサコは、このところ、入学時から親しくしている友人カズコのことが心配になっています。2人は、毎日のように一緒に過ごす仲でした。3年生になって、所属ゼミが別々になると、一緒に過ごす時間は減りましたが、SNSでのやり取りは続いていました。

6月になって、アサコは、カズコと同じゼミに所属する共通の友人から、5月の連休明け以降、カズコが大学を休みがちなっているという話を聞きました。カズコのSNSの書き込みを確認してみると、5月以降書き込みの数が減っていたり、深夜に投稿していたりということに気がつきました。その内容も、「疲れた」「面倒くさい」といった否定的な書き込みも多く、元気がなさそうな印象を受けました。

アサコは、カズコに声をかけるかどうか迷って様子をみていたのですが、翌週にはカズコがSNSに「死にたい」とつぶやいているのを見つけてしまいました。アサコは、カズコのことがますます心配になりました。

1−1. 困っている人に気づく

人を支えるためには、まずは困っている人に気づくことから始まります。困っている人が出しているサインには、いろいろなものがありますが、「いつもと違うことが起きていないか」という観点でその人の状態・状況を確認すると気づきやすくなります。たとえば、カズコの例では、いつもと違って、大学を休みがちになっていましたし、SNSの書き込みの時間帯や内容が変化していました。

ほかにも**表終−1**のように、いつもの調子のよいときと違うことが起きている状況であれば、何らかの問題を抱えている心配な状況

表終-1　困りごとを抱えている可能性のある，気になる状態

授業や学業面で
- ・授業を欠席しがちになる
- ・遅刻が多くなる
- ・成績が急に下がる
- ・コミュニケーションを避け，孤立するようになる

学生生活上で
- ・睡眠や食事のリズムが乱れる
- ・身なりや服装に無頓着になる
- ・基本的な家事ができなくなる
- ・サークルや部活，アルバイトを休んだり辞めたりする
- ・友人との交流を避けるようになる
- ・連絡が滞るようになる

行動面で
- ・精彩のない表情になる
- ・自己否定的な言動が増える
- ・感情の起伏が激しくなる
- ・怒りやすくなる
- ・人前で泣き出すようになる
- ・唐突な発言や意味不明なことをいう
- ・自分や他人を傷つけようとする

と考えられます。みなさんの友人のなかで，上記のような状態で気になる人がいないか，日ごろから頭のスミで気にかけておきましょう。

1-2. 声のかけ方

　困りごとを抱えていそうな友人を見つけたら，声をかけて，心配しているということを率直に伝えてみましょう。自分の悩みを認め，そのことを人に話すことは，自分の弱みをさらけ出すことにもなり，

自尊心も脅かされることにもつながりかねないため，簡単にできるものではありません。せっかく声をかけても，悩みがあることを否認されたり，こころを開いて，話をしてくれないという可能性もありえます。

　声のかけ方のポイントは，「私」（I）を主語にして，自分がどう考えどう感じているかを伝える I メッセージを使うことです。「あなた」（You）を主語にする「You メッセージ」は，相手の行動を非難するニュアンスが含まれやすく，受け取った側も指摘されたことに身構えてしまい，その内容について落ち着いて受け止めることが難しくなる傾向があります。

　たとえば，アサコはカズコに対して，「（あなたが）悩んでいるのね。私でよければ話を聴くよ」という You メッセージで声かけをした場合，カズコは，悩んでいるということをアサコに断定され，その現実を突きつけられているように感じるかもしれません。一方，「最近の様子をみていると何か悩みがあるみたいで（私が）心配になったんだ。私でよければ話を聴くよ」という I メッセージで声をかけた場合には，悩みがあることは断定されず，アサコ自身が心配に感じていることが前面に出たメッセージになり，カズコもその内容を受け止めやすくなります。

1-3. 話の聴き方

　声をかけて，相手が自身の困りごとについて話をしてくれるようであれば，今度はその話をきちんと受け止めて聴くことが重要になります。話を聴くということは，単純そうにみえますが，追究していくと非常に奥が深く，簡単にはマスターできない技芸といえるようなものです。話の聴き方の基本スキルを習得しておくことは，今回のように人を支える場面だけでなく，さまざまな対人コミュニケ

ーション場面で役に立ちます。

話を聴くときの姿勢 話を聴くときの姿勢としては，相手に積極的に関心を向けて，あたかも自分が体験するかのように相手の話を共感的に受け止めることが求められます。

助けになりたくて，早くアドバイスを伝えたくなるかもしれませんが，多くの場合あまり役に立ちません。というのも，深刻な問題であればあるほど，その相手はその問題についてあれこれ考えているはずで，考えてもなかなか解決できないからこそ悩みになっているからです。「ああしたほうがよい」「こうしたほうがよい」という指示的な関わりをするよりも，まずは，相手がどんなふうに考え感じているのかについて，丁寧に受け止めることに専念しましょう。

相手に積極的に関心を向けるという点に関しては，自分の気持ちが話を聴くモードになっていないときには，話を聴くのを控えることも大切です。自分のほうに差し迫ってやるべきことがあったり，気になることがあったりすると，片手間で，気もそぞろに話を聴くことになります。そうすると，相手は話を受け止めてもらえているという感覚がもてず，傷ついたり，申し訳ないと感じたりすることになります。人の助けになりたいという場合には，ある程度まとまった時間がとれる余裕があるときに話を聴くことをお勧めします。

聴き方のテクニック 話の聴き方のテクニックについても，いくつかご紹介します。まずは，「**相槌を打つ**」ということが挙げられます。相槌は，「うん」「へえ」「なるほど」という発声に，うなずきという身振りを加えたものです。発声自体には言語的意味はあまりありませんが，タイミングよく相槌を入れることで，相手に聴いているというメッセージを間接的に伝えて，話がテンポよく進むようになります。

相手の話の内容を伝え返す**反射**というテクニックも，重要な話を

聴くテクニックです。いちばんシンプルな反射は，**繰り返し**です。話し手の「不安になるんです」という発言に対して，聴き手が「不安になるのですね」と返すように，相手が使った言葉をそのまま相手に伝え返します。

　繰り返しばかりの反射だと，オウムに話しかけているかのように間が抜けた感じになってしまいので，**言い換え**という反射のテクニックも織り交ぜて使います。たとえば，話し手の「不安になるんです」という発言に対して，聴き手はそれを言い換えて「心配に感じられるのですね」と返します。このように，同じ言葉を使わずに，あえて違う言葉を使って伝え返すのが「言い換え」です。言い換えをした場合，話し手のいいたいこととずれてしまい，訂正されることもありえますが，その訂正も含めて，相手への理解が深まることになります。

　さらに高度な反射のテクニックとしては，**要約**があります。要約を使うことで，「つまりは，試験を受けたときの手応えがいまいちで，留年するかもと心配なのですね」というように，ある一定のまとまりのある話をまとめて伝え返して，理解できているか確認することができます。

　反射のテクニックを用いることで，話し手は，相手に話を聴いてもらっている，理解されていると感じることになります。また，自分の話した内容や自分の感情を，鏡に映すように確認することができます。一方，聴き手としては，相手に，話を聴いていることを「聴いてますよ」といわずに，間接的に伝えることができます。また，自分の理解を確認し，話の中心的なテーマをはっきりさせることができるようになります。

非言語情報への注目

人の話を聴く際には，相手が表出している**非言語情報**にも注目しましょう。非言語の

表終−2　FELOR モデル

face（顔を向ける）
　相手の話を聴くときには，自分の顔を相手の顔のほうに向ける

eye contact（視線を合わせる）
　相手の話を聴くときには，適度に目をみる

lean（身体を傾ける）
　相手の話を聴くときには，自分の身体を相手側に向ける

open（開かれた姿勢）
　相手の話を聴くときには，腕・足組をせず，少し浅く腰かける

relax（リラックス）
　相手の話を聴くときには，過度に緊張せずにゆとりをもつ

（出典）　コール（2002）より作成。

情報とは，表情，視線，身振り，からだの姿勢，声の大きさや速さなどが含まれます。非言語メッセージは，言語メッセージと比べて，話し手によるコントロールが難しいため，話し手の本音が出やすいといわれています。たとえば，ニコニコしながら大きな声で「大丈夫です」というのと，沈んだ表情で小声で「大丈夫です」というのは，言語メッセージは同じでも，話し手が感じていることは大きく異なるはずです。

　聴き手の側がどのような非言語メッセージを出すかも重要です。コール（2002）は話を聴くときの基本的な態度を，**FELOR モデル**としてまとめています（**表終−2**）。相手に顔を向け（face），視線を合わせ（eye contact），相手側にからだを傾けて（lean），開かれた姿勢で（open），リラックスして（relax）話を聴けば，積極的関心をもっているという非言語メッセージを相手に伝えることができます。

プライバシーを守る　　人の相談を受けるときに，**プライバシーを**守ることはとても大切です。人の個人的な

悩みを，本人の許可なくほかの人に伝えてしまうと，相手の信頼を裏切ることになってしまいます。

　ただし，いつも秘密を守れるかというと難しい状況もありえます。相手から「ほかの人には内緒にして」といわれたときに，みなさんはそれを約束できるでしょうか。たとえば，相手が死にたい気持ちが強く，自殺の危険性が高まっている場合には，個人のプライバシーを守ることよりも，関係者に情報を伝えて，その人の命を守ることのほうが優先されます。

　相談を受けていて，もしも「内緒にしてほしい」といわれたら，「勝手にほかの人に話を伝えることはしないつもりだけど，自分には対応が難しいと思うときには，内緒にしておくことはできない」というように返答しましょう。「秘密は絶対守る」と答えていたのに，いざというときにそれを覆してほかの人に伝えてしまうと，結果的に両者の信頼関係が大きく傷つくことにもなります。

自分も大切に　相談を受けている側が，その負担に耐えられなくなってしまって，生活に支障が出てしまうこともありえます。相談を受けるということは，相手の問題の一部を一緒に背負うことでもありますが，本人に代わって問題を解決してあげるわけではありません。問題に向きあうべき責任を負っているのは，当の本人ですので，自分が対応できる範囲で，人の相談に乗ることが大切です。もし，受けた相談が，自分の対応できる限界を超えそうだと感じたら，早めに自分も周りに頼ることを考えましょう。相手を大切にすることができるためには，自分も大切にする必要があります。

　つなぎ先としては，身近な関係のなかでは，友人や先輩，相手の家族や，自分が信頼できる教職員などが考えられます。「この問題は，自分だけでなくほかの人の力も借りたほうがよいと思うので，信頼

できる〇〇さんにも話を聴いてもらおう」というように，完全に渡してしまうのではなく，話を聴く人を広げるというイメージでほかの人にもつなぐと，相手が見捨てられたと感じることを防ぐことができます。

特に心配な状況であれば，学生相談室のカウンセラーや医師につなぐことを考えるのがよいでしょう。学生相談室に行くことに抵抗感を抱く人もいますので，紹介の仕方に難しさを感じる場合には，どうやってつなげばよいかということ自体を，カウンセラーと相談してみてはいかがでしょうか。

 ここでいいたいこと！

- 問題を抱えている人に気づくために，「いつもと違うことが起きていないか」に注意しよう。
- 問題を抱えている友人を見つけたら，「I メッセージ」を使って声をかけてみよう。
- 相手に積極的関心を向け，相手の話を共感的に受け止めて，話を聴いてみよう。

2. 助けを求める

エピソード

相談にも 2 人でなら行ける

カズコの母親は，彼女が 2 年生の秋に，乳がんで入院しました。急な入院だったのと余命が半年との告知もあり，カズコは強いショックを受けました。気持ちの整理もつかないままに，母親は翌年 4 月に亡くなりました。入院している母親の見舞いと，妹たちの食事の用意や家事に明け暮れるなかで母親が亡くなり，カズコにとっては，あっと

いう間に葬儀まですぎてしまったという感覚でした。葬儀も終わり，一段落した5月ころから，カズコはいろいろなことに意欲を出せなくってしまいました。しだいに学校も休みがちになっていましたが，人に頼ることは恥ずかしいし，自分でなんとか解決しなければと思い，カズコはなんとかやり過ごしていました。

　しかし，1日中気分が沈み，イライラすることも多くなり，ついSNSに「死にたい」と書き込んでしまいました。友人のアサコがそれに気がつき，カズコに声をかけてくれました。人に相談することに抵抗感があったカズコですが，アサコが真剣に向きあって話を聴いてくれることもあり，いままで誰にも話ができなかった，母を失った悲しみや，疲れてしまってもう限界だと感じていることなどを打ち明けることができました。アサコは，「自分だけでなく専門家にも話を聴いてもらったほうがよい」と，学生相談室に行くことを勧めてくれました。しかし，カウンセラーとの話がどんなふうに役立つのかわからないし，一度カウンセラーに頼ってしまったら，頼りきりになってしまうのではないかという心配から，カズコはなかなか動けませんでした。アサコは，「自分も1人で行くとしたら不安だと思うので，一緒に行ってみよう」と誘ってくれました。信頼しているアサコがそこまでいうのであれば，カズコは重い腰を上げて相談室に行くことにしました。

- -

2−1. ひとりで抱えない

　カズコは人に頼ることにいろいろと躊躇しているようでしたが，みなさんは，人に助けを求めることは得意でしょうか？　人に助けを求める行動は，心理学では**援助要請行動**と呼ばれ，さまざまな観点から研究が行われています。カズコが，アサコに相談したり，学生相談室に相談に行ったりしたことは，援助要請行動の一種といえます。

　この節では，みなさんに必要なときに人の助けを求められるようになってほしいということがいいたいのですが，援助要請を阻むよ

うなさまざまなハードルがあるために，そう簡単にはいきません。

　簡単でない理由の1つは，こころの問題を抱えることや，そのための支援を受けることについて，恥ずかしいことであるとか，本人の努力が足りないからだというような偏見が根強くあるからです。このような社会における偏見のことをスティグマと呼びますが（第6章も参照），その否定的イメージを自分自身にも当てはめることで自尊心や自己肯定感が低下してしまうことを，特に**自己スティグマ**と呼びます。

　ナムら（Nam et al., 2013）は，心理的援助が役に立つと考える人ほど，また，自分のことをオープンに話す傾向がある人ほど，あるいは，援助を受けることで自己卑下する傾向が弱い（自己スティグマが低い）人ほど，他者に援助を求めることに前向きであるということを示しています。

　人に相談することは，基本的に役に立ちます。相談の1つめの効能は，自分の気持を受け止めてもらえると，気持ちが落ち着くということです。自分の気持ちや考えを言葉にして表現したものを，積極的な関心をもって共感的に受け止めてもらえる体験ができると，怒りが治まったり，悲しみが和らいだり，不安が弱まったりと，ネガティブな感情を落ち着けることができます。

　2つめの効能としては，相談することで自分の問題を整理できるということが挙げられます。相手が反射のテクニックを使って共感的に話を聴いてくれると，自分が話した内容を鏡に映すかのように確認することができます。

　3つめはおまけ的な効能ですが，相談をすることで相手との関係が深まるということが挙げられます。ほかの人にはいわないような深い話をする仲になると相手との関係が自然と近くなります。自分のプライベートな情報を開示したぶん，相手も自分のプライベート

な話をしてくれる可能性も高まります。

　自己スティグマの問題については，援助を求めることの積極的意味について考えてみることをお勧めします。人に相談することを「依存」であるとネガティブに捉える人は多くいると思います。実は，依存には，**病的な依存**と，**適応的な依存**があるといわれています。前者は，相手にすべての責任を委ねて寄りかかる自立を伴わない依存ですが，後者は，自分や他者への信頼感をもち，それらの信頼感をもとに他者を頼ることができる自立を伴う依存です。適応的に他者に依存し，自立的に生きていくためには，問題を1人で抱え込むのではなく，必要に応じて他者からの援助を得て難局を乗り切ることができるかが重要になるのです。言い換えれば，人の助けを借りて難局を乗り切っていく力は，社会で生きていくうえで必要な「能力」であるともいえるでしょう。

2-2. 助けの求め方

　次に，どうやって人に助けを求めればよいか，具体的に考えてみましょう。

問題を認識する
　まず，自分が問題を抱えているということを認識していなければ，人に助けを求めることができません。自分が悩んでいるかどうかについては，自分のことでも正確につかみにくいことがあります。問題を抱えている人を見つけるときと同じように，自分のことを振り返って，いつもと違うことが起きていないかどうか，表終-1のリストで当てはまるものがないかを確認をしてみましょう。

援助を求めるか検討する
　次に，自分の対処のレパートリーを確認して，自分だけで乗り切れそうか，人の力を借りなければ対処が難しいか，という観点

から，援助を求める必要性について検討します。問題が複雑で悩みが深い場合，自分がいままで身につけてきた対処方法でだけで解決することが難しいことがあります。そのような場合には，人に助けを求めるということを，躊躇なく選択しましょう。

援助を求める　　最後に，誰にどのように援助を求めるかということが，課題になります。まず，誰に援助を求めればよいかという点ですが，自分の抱える悩みを打ち明ける相手ですので，自分にとって信頼の置ける安心できる人であることが必須です。そのうえで，自分とその人との関係や，その人が得意とする領域，その人が現在置かれている状況などを考慮して，この人であれば援助を求めれば引き受けてくれるし，状況が改善される可能性も高いと考えられる人に，援助を求めるようにしましょう。大学では，カウンセラーなどがいる相談機関や学生のサポートを担当する事務職員がいる事務窓口なども有用な相談先になります。学生生活を送るなかで，個人のネットワークのなかだけでは，対処できないような問題に出会うことも，少なくないでしょう。学生相談室が，どんな場所でどんな人が対応しているのか，どんな流れで相談することになるのか，問題解決に役立つのかなど，わからないことが多く，不安になる人も多いかもしれません。

　基本的に相談室のカウンセラーは，話の聴き方について訓練を積んだ専門家ですので，信頼して構わないと思いますが，学生相談室の多くは，パンフレットやウェブサイトを使って情報発信をしているところも多くあるはずです。相談室のカウンセラーが授業を担当していたり，ガイダンスなどで話を聞く機会もあるかもしれません。機会を見つけて，どんな感じの人がどんなふうに相談を担当しているのかについて，調べておくことをお勧めします。

　日頃から，自分の身の回りで助けを求められる先（これを**援助資**

ピアサポート

　学生生活上で支援（援助）を必要としている学生に対し，仲間である学生同士で気軽に相談に応じ，手助けを行う制度をピアサポートと呼びます。日本学生支援機構（2018）の調査では，52.4% の大学でピアサポートなどの学生同士で支援する制度を実施しており，大学における学生支援施策の１つとして，広く実施されています。

　ピアサポート活動は，1900 年ごろのアメリカの非行防止プログラムが原型といわれており，日本では，1990 年年代半ばから福祉，保健，医療，教育などの領域で活用されるようになりました。大学におけるピアサポート活動は，2000 年からの広島大学の取り組みが先駆けといわれています。

　早坂（2010）は，ピアサポート活動を，①相談室型（ピアサポーターが学生の相談相手になる），②修学支援型（ピアサポーターが学習支援者になる），③新入生支援型（ピアサポーターが新入生などの後輩の手助けをする）の３つに分類しています。さらに，これらの直接的な相談支援以外のピアサポート活動として，キャンパスに出て行って，キャンペーン展開や交流促進のイベントなどを行うアウトリーチ型（出前型）のピアサポート活動も行われています。

　ピアサポートは，日常的な仲間関係のなかで自然に行われているものに加えて，周囲の困っている人に手を差し伸べることに躊躇してしまうようなときに，いままでよりもお互いに少しだけお節介を焼くことができるように，大学が後押しをするための制度でもあります。

　みなさんの大学にピアサポートの制度があって，この章を読んで，学生同士の支えあいについて興味をもったら，活動に参加してみてはいかがでしょうか？

源といいます）を知っておくと，いざというときに戸惑わずにすみます。章末のこころの柔らかワークを使って，自分を取り巻く人のネットワーク内の，家族，友人，知り合い，大学コミュニティ，それぞれで，相談内容ごとに相談できそうな人がどこにいるのかをチェックしてみましょう。

　助けの求め方については，第3章で学んだ**アサーション**のスキルを応用することができます。相手の立場や心情に配慮しながら援助を求めることができれば，拒絶されにくくなります。カズコがDESC法（**表3−1参照**）を用いてアサコに相談するセリフをつくるとしたら，「（D）このところ家族のことでいろいろあって，疲れてしまったみたいなんだ。（E）自分でもなんとかしなきゃと思っているんだけど，どうしてよいかわからなくて。（S）アサコになら話をできると思ったので，聴いてくれないかな。（C）レポートの締切が来週だし時間のあるときでよいから」ともちかけることができたかもしれません。

　また，問題が小さな早い段階で相談することもお勧めします。早い段階で相談できるほうが，問題解決や回復が早く可能になります。相談するということは自尊心への脅威となりえるので，問題が複雑で深刻になればなるほど，その問題を開示するのが難しくなります。相談を受ける側にとっても，いきなり深刻な問題を相談されるよりも，より小さな問題のほうが受け止めやすくなります（第3章コラム⑤のフット・イン・ザ・ドア・テクニックを参照）。

😃 こでいいたいこと！

- ●自分には対処が難しいと思われる問題を抱えたときは，人に助けを求めよう。
- ●人に助けを求めて問題を解決していく力は，生きていくうえで

必要な能力の1つ。

3. 支えあいの風土づくり

　これまでは，個人として支えたり，支えられたりという話でしたが，最後に大学全体やコミュニティのなかでの支えあいの話をして，締めたいと思います。

　第二次世界大戦後の都市化や高度経済成長とともに核家族化が進行し，さらに単身世帯も増加して，家族のなかで支えあう機会が減少しました。大都市ではご近所づきあいが減り，地域社会での支えあいも希薄になってきています。学生の対人関係をみても，SNSのメッセージにすぐに返事が来ないと不安になるとか，クラスやサークルなどどこかにつながっていないと不安だといった話はよく聞くものの，お互いに深く踏み込まないような，気遣いをして遠慮しあっている様子がうかがえます。現代は，社会全体として，また，人々の人間関係の取り方も，支えあいが難しくなってきているといえるでしょう。

　人とのつながりのなかで支えられる関係があると，ストレス源にさらされたときにその影響を和らげてくれる効果があることが知られています。自殺の背景要因としても，コミュニティから疎外されているという孤立の体験の影響が大きいことが指摘されています。現代の支えあいが難しくなっている状態は，由々しき状況なのです。

　学生同士の支えあいを活性化するために，**ピアサポート活動**を大学の制度として取り入れている大学も多くあります（コラム⑮参照）。そのような制度があってもなくても，個々人ができることは同じです。孤立を防ぐコミュニティづくりや，学生の生きづらさを改善するために，身の回りの関係のなかで，支えあうこと，お節介を焼き

あうことを心がけましょう。この支えあいの活動の主役は，みなさん1人ひとりのコミュニティの構成員です。

　人が問題を抱えてしまうことは，その個人の問題であって，その人に責任があるという考えもできますが，個人のこころの問題はその人が所属するコミュニティが抱えている課題が，たまたまその個人に問題として現れたと捉えることもできます。大学コミュニティ全体の「生きにくさ」を改善していくために，お互いに支えあう関係づくりを心がけてみましょう。

🗨 ここでいいたいこと！

- 1人ひとりの相互扶助の取り組みを通して，大学全体で支えあう風土をつくろう。

・・・・・・・・・ こころ の 柔らか ワーク ・・・・・・・・・

援助資源レーダー

　助けを求めるうえでは誰（どこに）に相談すればよいか知っておく必要があります。自分の身の回りで助けを求められる先（援助資源）を確認してみましょう。自分を取り巻く人の輪の，家族，友人，知り合い，大学コミュニティそれぞれのなかで，学業のことを相談できそうな人は誰（どこ）でしょうか？　対人関係については，誰に相談できるでしょうか？　同様に自分の性格や心理について，心身の健康について，経済的問題について，学生生活のさまざまな問題について，進路や就職活動に関して，どんな相手になら相談できそうでしょうか？

　図を参考に，自分の援助資源のレーダーに誰が写るのか，書き込んでみましょう。

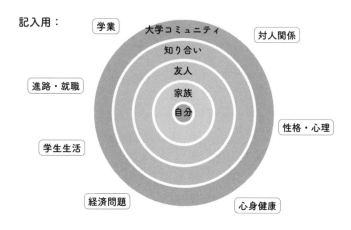

記入用：

学業　大学コミュニティ　対人関係

進路・就職

知り合い
友人
家族
自分

性格・心理

学生生活

経済問題　心身健康

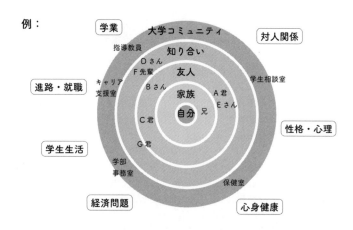

例：

学業　大学コミュニティ　対人関係

指導教員
Dさん
F先輩

進路・就職
キャリア
支援室

Bさん

知り合い
友人
家族
自分　兄

C君

G君

学生相談室

Aさん
Eさん

性格・心理

学生生活

学部
事務室

経済問題

保健室

心身健康

図　援助資源レーダー

📖 ブックガイド

●**東山紘久 2000.『プロカウンセラーの聞く技術』 創元社**

　プロカウンセラーである著者がカウンセリングで重要視される「聞く」技術について紹介しています。31 の小テーマに分けられて，聞き上手になるためのポイントがわかりやすく解説されています。

●**コール，T.（バーンズ亀山静子・矢部文訳）2002.『ピア・サポート実践マニュアル』川島書店 （Cole, T. 1999. *Kids helping kids: A peer helping and peer mediation training manual for elementary and middle school teachers and counselors*, 2nd edition. Peer Resources）**

　ピアサポート活動の理論とスキルついて簡潔にまとめられたマニュアルです。主に小学校から高等学校でのピアサポート活動に焦点が当てられていますが，トレーニングやプログラムの運営などのあり方については，大学におけるピアサポート活動でも参考にできます。

●**阿川佐和子 2012.『聞く力──心をひらく 35 のヒント』文藝春秋**

　名インタビュアーとして活躍する著者が，話を聞くための極意についてまとめたベストセラー。相手の本音を引き出すためのポイントが，わかりやすく紹介されています。

引用・参考文献

市井雅哉 2016.「心的外傷後ストレス障害」下山晴彦・中嶋義文編『公認心理師必携 精神医療・臨床心理の知識と技法』医学書院

伊藤絵美 2016.『ケアする人も楽になる マインドフルネス&スキーマ療法 BOOK1』医学書院

ウィリアムズ, R. E.・クラフト, J. S.（樋口進監訳／久里浜医療センターマインドフルネスチーム訳）2018.『依存から抜け出すためのマインドフルネスワークブック』日本評論社

ウォーカー, L. E.（斎藤学監訳／穂積由利子訳）1997.『バタードウーマン──虐待される妻たち』金剛出版（Walker, L. E. 1979. *The battered woman*. Harper & Row）

浦上昌則 2014.「青年期から成人期への移行」日本青年心理学会企画／後藤宗理・二宮克美・高木秀明・大野久・白井利明・平石賢二・佐藤有耕・若松養亮編『新・青年心理学ハンドブック』福村出版

エリクソン, E. H.（村瀬孝雄・近藤邦夫訳）1989.『ライフサイクル, その完結』みすず書房［増補版：2001］（Erikson, E. H. 1982. *Life cycle completed*. Norton）

大石勝代・大石弘 2005.「現代大学生における恋愛のタイプについて」『山形大学保健管理センター紀要』4, 38-43.

大川匡子・三島和夫・宗澤岳史編 2010.『不眠の医療と心理援助──認知行動療法の理論と実践』金剛出版

落合良行・佐藤有耕 1996.「親子関係の変化からみた心理的離乳への過程の分析」『教育心理学研究』44, 11-22.

笠井清登 2013.「統合失調症──脳と生活と思春期発達の交点」日本統合失調症学会監修／福田正人・糸川昌成・村井俊哉・笠井清登編『統合失調症』医学書院

蒲谷槙介 2018.「愛着の発達」開一夫・斎藤慈子編『ベーシック発達心理学』東京大学出版会

釜野さおり・平森大規 2019.「性的指向と性自認のあり方を社会調査でいかに捉えるか──大阪市民調査に向けた準備調査における項目の検討と本調査の結果」『性的指向と性自認の人口学──日本における研究基盤の構築』（国立社会保障・人口問題研究所研究プロジェクト；第 92 回日本社会学会研究報告）

亀岡智美 2017.「災害被害とレジリエンス」『臨床心理学』17, 659-663.

窪田由紀 2009.『臨床実践としてのコミュニティ・アプローチ』金剛出版

警視庁 2019.「ストーカー事案の概況」

厚生労働省 2019.「若年者雇用対策」

コーチン, S. J.（村瀬孝雄監訳）1980.『現代臨床心理学——クリニックとコミュニティ における介入の原理』弘文堂（Korchin, S. J. 1976. *Modern clinical psychology: Principle of intervention in the clinic and community*. Basic Books.）

児美川孝一郎 2013.『キャリア教育のウソ』筑摩書房

コール, T.（バーンズ亀山静子・矢部文訳）2002.『ピア・サポート実践マニュアル』 川島書店（Cole, T. 1999. *Kids helping kids: A peer helping and peer mediation training manual for elementary and middle school teachers and counselors*, 2nd edition. Peer Resources）

齋藤憲司 2000.「大学生は何に悩んでいるか——青年期の拡散・稀薄化のなかで」『こ ころの科学』94, 2-10.

齋藤憲司 2001.「大学院学生期の特徴」鶴田和美編『学生のための心理相談——大学カ ウンセラーからのメッセージ』培風館

齋藤憲司 2015.『学生相談と連携・協働——教育コミュニティにおける「連働」』学苑 社

齋藤憲司・道又紀子 2000.「大学院生の適応状況と心理的課題——進学経路の多様性と 研究室の諸機能に注目して」『学生相談研究』21, 16-25.

斎藤学 1996.『アダルト・チルドレンと家族——心のなかの子どもを癒す』学陽書房

坂口幸弘 2019.『喪失学——「ロス」後をどう生きるか?』光文社

佐治守夫・飯長喜一郎編 2011.『ロジャーズ クライエント中心療法——カウンセリング の核心を学ぶ』[新版] 有斐閣

杉山明子 2017.「喪失体験（死別・離別・失恋）とレジリエンス」『臨床心理学』17, 649-653.

高橋知音 2012.『発達障害のある大学生のキャンパスライフサポートブック——大学・ 本人・家族にできること』学研

田中熊次郎 1975.『児童集団心理学』[新訂版] 明治図書出版

田中健夫 2000.「『大学に行くということ——成長あるいは破滅的変化の時』（ウイテン バーグ著）の紹介」『九州大学学生生活・修学相談室紀要』2, 13-23.

鶴田和美編 2001.『学生のための心理相談——カウンセラーからのメッセージ』培風館

デーケン, A. 2012.『心を癒す言葉の花束』集英社

統計数理研究所 2016.「日本人の国民性調査」

冨永良喜 2017.「災害と臨床心理学」『臨床心理学』17，582-583.

内閣府 2009.「第 8 回世界青年意識調査」

内閣府 2018.「男女間における暴力に関する調査（平成 29 年度調査）」

内閣府男女共同参画局 2010.「人と人とのよりよい関係をつくるために——交際相手との素敵な関係をつくっていくには」（リーフレット／研修用 DVD）

長根光男 2015.「睡眠パターンと学業成績や心身状態は関連するか——夜間睡眠の質と量，日中の眠気と短時間睡眠の活用」『千葉大学教育学部研究紀要』63，375-379.

日本学生支援機構 2018.「大学等における学生支援の取組状況に関する調査（平成 29 年度）」

日本心理臨床学会監修／日本心理臨床学会支援活動プロジェクト委員会編 2010.『危機への心理支援学——91 のキーワードでわかる緊急事態における心理社会的アプローチ』遠見書房

ニーマイアー，R. A.（富田拓郎・菊池安希子監訳）2007.『喪失と悲嘆の心理療法——構成主義からみた意味の探究』金剛出版（Neimeyer, R. A. 2001. *Meaning reconstruction and the experience of loss*. American Psychological Association）

早坂浩志 2010.「学生に向けた活動 2——授業以外の取り組み」日本学生相談学会 50 周年記念誌編集委員会編『学生相談ハンドブック』学苑社，185-201.

樋口進監修 2018.『ネット依存・ゲーム依存がよくわかる本』講談社

平木典子 2012.『アサーション入門——自分も相手も大切にする自己表現法』講談社

米国精神医学会編（日本精神神経学会・日本語版用語監修／高橋三郎・大野裕監訳／染矢俊幸・神庭重信・尾崎紀夫・三村將・村井俊哉訳）2014.『DSM-5 精神疾患の診断・統計マニュアル』医学書院（American Psychiatric Association 2013. *Diagnostic and statistical manual of mental disorders: DSM-5*. American Psychiatric Publishing）

ボウルビィ，J.（黒田実郎・吉田恒子・横浜恵三子訳）1991.『母子関係の理論Ⅲ 対象喪失』岩崎学術出版社（Bowlby, J. 1980. *Loss: Sadness and depression*. Attachment and Loss, vol.3. Basic Books）

保坂亨・岡村達也 1984.「キャンパス・エンカウンター・グループの発達的・治療的意義の検討——ある事例を通して」『心理臨床学研究』4，15-26.

マイヤーズ，D. G.（村上郁也訳）2015.『カラー版 マイヤーズ心理学』西村書店（Myers, D. G. 2013. *Psychology*, 10th edition. Worth Publishers）

松井豊 1990.「青年の恋愛行動の構造」『心理学評論』33，355-370.

松井豊 1993.『セレクション社会心理学 12 恋ごころの科学』サイエンス社

宮下一博・杉村和美 2008. 『大学生の自己分析――いまだ見えぬアイデンティティに突然気づくために』ナカニシヤ出版

無藤清子 1979. 「『自我同一性地位面接』の検討と大学生の自我同一性」『教育心理学研究』27, 178-187.

モリス, D.（藤田統訳）1980.『マンウォッチング――人間の行動学』小学館［小学館文庫：2007］（Morris, D. 1977. *Manwatching: Field guide to human behaviour.* Jonathan Cape）

柳田光監修 1976. 『Creative O.D.』［全5巻］プレスタイム

山口周 2019. 『仕事選びのアートとサイエンス――不確実な時代の天職探し 改訂「天職は寝て待て」』光文社

山崎博敏・安東由則 1989. 「学問領域と授業」片岡徳雄・喜多村和之編『大学授業の研究』玉川大学出版部

ラザルス, R. S.・フォルクマン, S.（本明寛・春木豊・織田正美監訳）1991.『ストレスの心理学――認知的評価と対処の研究』実務教育出版（Lazarus, R. S. & Folkman, S. 1984. *Stress, appraisal and coping.* Springer）

Barlow, D. H., Abel, G. G., Blanchard, E. B., Bristow, A. R. & Young, L. D. 1977. A heterosocial skills behavior checklist for males. *Behavior Therapy*, 8, 229–239.

Hagenauer, M. H., Perryman, J. I., Lee, T. M. & Carskadon, M. A. 2009. Adolescent changes in the homeostatic and circadian regulation of sleep. *Developmental Neuroscience*, 31, 276-284.

Lee, J. A. 1973. *The colors of love: An explanation of the ways of loving.* New Press.

Lee, J. A. 1977. A typology of styles of loving. *Personality and Social Psyhology Bulliten*, 3, 173-182.

Motomura, Y., Kitamura, S., Oba, K., Terasawa, Y., Enomoto, M., Katayose, Y., Hida, A., Moriguchi, Y., Higuchi, S. & Mishima, K. 2013. Sleep debt elicites negative emotional reaction through diminished amygdala-anterior cingulate functional connectivity. *PROS ONE*, 8（OPEN ACCESS）

Nam, S. K., Choi, S. I., Lee, J. H., Lee, M. K., Kim, A. R. & Lee, S. M. 2013. Psychological factors in college students' attitudes toward seeking professional psychological help: A meta-analysis. *Professional Psychology: Research and Practice*, 44, 37-45.

Stroebe, M. S. & Schut, H. 1999. The dual process model of coping with bereavement: Rationale and depression. *Death Studies*, 23, 197-224.

索 引

大学生のストレスマネジメント——自助の力と援助の力
Stress management for students

2020 年 4 月 10 日　初版第 1 刷発行

著　者	齋	藤	憲	司
	石	垣	琢	麿
	高	野		明
発行者	江	草	貞	治
発行所	株式会社	有	斐	閣

郵便番号 101-0051
東京都千代田区神田神保町 2-17
電話 (03) 3264-1315〔編集〕
(03) 3265-6811〔営業〕
http://www.yuhikaku.co.jp/

組版・株式会社明昌堂／印刷・萩原印刷株式会社／製本・大口製本印刷株式会社
©2020, Kenji Saito, Takuma Ishigaki, Akira Takano, Printed in Japan
落丁・乱丁本はお取替えいたします。
★定価はカバーに表示してあります。

ISBN 978-4-641-17456-6